참을 수 없는 '생각'의 가벼움

Elliott Park
박중현

프롤로그

　전위예술가 요셉 보이스(Joseph Beuys)는 1965년 〈죽은 토끼에게 어떻게 그림을 설명할 것인가〉라는 퍼포먼스를 통해 관람객들에게 큰 충격을 가져다주었다. 기괴한 복장을 하고 죽은 토끼 한 마리를 안고 몇 시간 동안 토끼에게 자기 작품을 설명하는 모습은 딱 정신 나간 사람이라는 소리를 듣기에 충분했다. 하지만 기존의 관념이 편협하게 느껴졌던 천재가 오죽 답답했으면 그러한 행위예술을 기획했을까 싶어 측은한 마음도 든다. 아마도 자신의 생각을 말로 설명하여 사람들에게 이해시키는 데는 한계가 있다는 것을 에둘러 표현하고 싶었으리라 추측한다.

　당장 눈앞에 보이는 것이나 이성적, 단선적 사고만을 중시하는 사회에서 조금 더 깊은, 앞선 또는 진지한 생각을 하는 사람들의 의도가 제대로 전달되기는 그만큼 힘들다. 설사 그것이 추상적인 예술의 형태가 아니라 좀 더 직접적으로 표현된 글이라고 할지라도 크게 다를 것은 없다. 한 사회학 교수가 쓴 책을 구매하려고 인터넷 서평을 살펴보다가 피식 웃음이 나는 서평이 눈에 띄었다.

"역시 교수가 쓴 책이라 지루하다."

생각을 전달하는 데 있어 지나치게 현학적이거나 또는 시대를 너무 앞서가면 대중에게 다가가기 힘들 수 있다는 것은 그리 놀랄만한 일은 아니다. 하지만 해당 서적의 저자가 그 서평을 봤다면 어떤 기분일까? 여간 고통스러운 작업이 아닌 책 쓰기를 통해 작가는 분명히 무언가 말하고 싶은 것이 있었을 터인데 메시지가 튕겨 나온 느낌이 들 것이다.

나는 '소셜 에세이'라는 새로운 장르를 통해 우리 사회의 우스꽝스러운 모순을 집어냄과 동시에 좀 더 넓은 생각을 유도하는 책을 쓰고 싶었다. 물론 깊은 지혜가 담긴 좋은 책은 시중에 넘쳐나지만, 이를 고답적이라고 인식하는 사람도 많다는 것도 잘 알고 있기에, 기획 단계에서 나의 고민은 어떻게 하면 진지하면서도 덜 지루한 책을 만들 것인가였다. 얼핏 봐서는 양립이 불가능할 것 같은 두 가지 조건을 절충시킨 책을 쓰자니 적절한 균형을 맞추는 것이 중요했고, 또 누군가를 가르치려 하는 톤을 최대한 배제하고 우리 사회와 세계 곳곳에서 벌어지는 다양한 일들을 바탕으로 한 스토리 형식의 책이 낫겠다는 가설을 세웠다.

SNS 등 다양한 소통 플랫폼이나 온라인 미디어가 일상화가 된 시대에서는 특히 더 분절된(disjointed) 정보를 받아들이는 것이 익숙하고, 조금만 진지한 이야기를 하면 많은 사람이 손사래를 친다. 그러다 보니 사안의 전체 맥락을 이해하기보다는 한 단면만 보고 너무 쉽게 결론을 내리기도 하고 특정한 편향성을 가지기도 쉬워진다. 나아가 일말의 편향성을 기반으로 어떠한 정보를 받아들이기 시작하는 순간 잘 짜인 알고리즘을 통해 그 관념이 더 깊어지도록 정보는 알아서 제공된다. 인간의 본능을 조정하는 기술적 진보는 끊임없이 이어지고 생각할 필요가 줄어든 반면 사회의 갈등은 극에 달할 수밖에 없는 아이러니한 구조다. 이처럼 정보의 홍수가 사람들의 판단을 흐리게 하는 시대라 단선적인 사고방식은 그 한계가 더욱 명확해지고 있다. 조금 더 높은 시선을 갖는 것은 그래서 필요하며, 이 책을 통해 독자들이 자연스레 다양한 생각을 받아들이고 옳고 그름의 판단도 좀 더 입체적으로 하는 데 조금이나마 도움이 된다면 더 바랄 것이 없다.

물론 여러 분야를 넘나들고 다양한 이야기를 하며 문명의 방향성을 제시하는 관계로 각각의 분야의 전문가들이 보면 불만족스러운 점도 없지 않으리라 생각된다. 하지만 이 책에 진리를 담은 것이 아니라 그저 이런 생각도 있다는 정도만 이해해도 충분할 것이다. 아마도 정신의학자 알프레드 아들러(Alfred Adler)의 《아들러의 인간 이해》라는 책에 나오는 한 대목이 이 책의 기획 의도와 일치하는 적절한 인용일 것 같다.

"인간의 영혼에 대한 지식이 축적되면 우리에게 저절로 새로운 의무감과 과제가 생긴다. (중략) 우리는 그들에게 공동생활과 행복을 성취하는 데 적합한 새로운 관점을 제시해 주어야 한다. 우리가 원하는 것은 그들의 정신적 발전의 이상형을 구축하려는 것이 아니다. 어쩔 줄 몰라 당황하는 사람에게는 새로운 관점 그 자체만으로도 엄청난 도움이 된다."

목차

생각의 유행

가치의 확장

CHAPTER 4

문명의 방향성

CHAPTER 5

관점 전환

CHAPTER 6

의식 혁명

CHAPTER
1

마인드 전환

1-1. 코딩을 못 하면 리더가 될 수 없나?

미국 드라마 '실리콘 밸리'를 보면 IT 엔지니어인 20대 주인공이 스티브 잡스(Steve Jobs)를 Poser(포즈만 취하는 사람/으스대는 사람)일 뿐이라고 평가 절하하는 내용이 나온다. 극 중에서 이 말의 의미는 대략 스티브 잡스의 '코딩' 실력이 최고 수준이 아니었기 때문에 대단한 사람으로 인정할 수 없다는 것이다. IT 천재 청년의 지엽적인 시각이 드러나는 재미난 장면인데, 한마디로 워커(Worker) 마인드와 리더(Leader) 마인드 차이에서 오는 지각 능력의 범위가 다르다는 것이 묘사되고 있다.

스티브 잡스는 시대를 앞서 나간 비전이 있었으며 뛰어난 인재 영입을 자신의 최우선 전략으로 삼았던 리더이자 경영자였다. 하지만 최고의 인재들을 자기 밑에서 일하게 하고 최선의 성과를 내도록 했던 그 자체가 엄청난 힘이자 뛰어난 리더의 능력이라는 것을 극 중 코딩 천재의 시각에서는 아직 이해할 수 없는 영역이다. 컴퓨터를 다루는 실력이나 코딩이라는 특정 분야만이 그가 바라볼 수 있는 세계여서다.

그런데 실제로 현실에서도 이와 유사한 일이 일어났다. 기업인 일론 머스크(Elon Musk)가 트위터를 인수한 뒤 일부 지역에서 기존의 서비스가 너무 느렸던 것에 대해 공개 사과까지 하며 퍼포먼스 개선을 약속하자 트위터의 개발자들과 엔지니어들이 크게 반발한 것이다. 그중 한 엔지니어가 본인의 계정에 올린 글이 폭발적으로 퍼지면서 큰 화제가 되기도 했다.

As an engineer at Twitter, I can confirm that Elon Musk doesn't understand anything about our website, or coding in general. We've been calling him 'the CEO' but it stands for 'Code Efficiency 0'.

(나는 트위터의 엔지니어로서 일론 머스크가 우리 웹사이트는 물론이고 일반적인 코딩 지식이 하나도 없다고 단언할 수 있다. 우리는 그를 CEO라고 부르지만, 이는 'Code Efficiency 0'를 의미한다.)

보통 CEO는 '최고 경영자'를 뜻하는 'Chief Executive Officer'의 약어이지만, 일론이 '코드 효용성 제로'를 뜻하는 'Code Efficiency 0'라는 표현으로 불리며 내부적으로 희화화되고 있음을 표현한 것이다. 한마디로 코딩에 대한 이해도 부족한 사람이 무슨 자격으로 혁신을 하겠느냐는 불만이다.

과거에 스티브 잡스도 유사한 사건으로 진땀을 뺀 적이 있다. 그가 애플에 복귀해서 기존에 진행 중이던 오픈닥(OpenDoc)이라는 소프트웨어를 폐기하기로 결정했을 때 관련 프로젝트를 하던 엔지니어들의 엄청난 반발을 샀다. 당시 잡스는 비효율적인 애플의 시스템을 개선하고 고객 만족을 극대화해야 한다는 관점에서 세상을 바라본 반면, 시스템을 개발하는 엔지니어의 입장에서는 자기들이 머리를 싸매면서 개발하고 있는 프로그램이 없어진다고 하니 화를 참기 힘들었던 것이다. 이것이 큰 내부 갈등으로 이어졌지만, 결국 세월이 지나고 나서 세상은 잡스의 선견지명을 인정해 주었다.

얼핏 이러한 것들이 단순한 견해 차이라고 보일 수도 있으나 사실은 마인드 차이에서 오는 지각의 범위가 다르기 때문일 수 있다. 전체적인 흐름을 이해 하고 있는 것과 한 부분에서 뛰어난 자질을 가지고 그것 중심으로 세상을 바라보는 것은 확연한 차이가 있기 때문이다.

한 차원 높은 시선, 전체 흐름을 읽는 눈

주어진 성과를 달성하는 데 리더의 역할은 크게 두 가지로 나뉠 수 있다. 첫 번째는 자기 일을 하는 것이고 두 번째는 구성원들의 일을 지원하는 역할이다. 그 두 가지 항목의 밸런스를 잘 조절하는 사람이 훌륭한 리더이지, 모든 디테일을 세세하게 다 알아야 하는 것과는 큰 상관이 없는 경우가 많다.

가령 오케스트라 지휘자의 경우 모든 악기와 그 연주법에 관한 폭넓은 지식과 이해도가 필요하지만, 각각의 악기를 연주하는 연주자들보다 해당 악기를 더 잘 알아야 할 필요는 없는 것이다. 많은 연주자가 각자의 최선을 끌어내고 또 최대한의 조화를 이룰 수 있도록 리드하는 능력이 최우선이다. 사회생활을 하다 보면 간혹 내 직장 상사가 나보다 능력이 떨어진다고 느껴질 때가 있을 수 있다. 하지만 그 상황을 좀 더 내밀하게 살펴보면 본질적인 능력의 차이라기보다는 성향이나 장단점이 달라서 나에게 유리한 특정 상황에서 그 감정을 느끼는 경우가 많다.

누구도 삶의 모든 영역에서 유능할 필요는 없다. 다만 누군가 나보다 높은 자리에 있다면 반드시 내가 모르는 나름의 대가를 치른 사람이라는 것을 기억하고 좀 더 넓은 관점을 보는 습관을 들이면 종종 '오해'가 '이해'로 바뀔 수도 있을 것이다. 설사 도저히 이해가 안 간다고 하더라도 최소한 주어진 상황을 보다 더 전략적으로 대할 수는 있다.

"사람은 오직 자신의 지성 정도에 한해서 다른 사람을 볼 수 있다. 어떤 사람의 지성 정도가 낮은 경우 다른 사람이 아무리 훌륭한 소질을 지니고 있다고 해도 그에게는 아무런 작용도 하지 못한다."

- 쇼펜하우어

1-2. 미래 인재

히토 슈타이얼(Hito Steyerl)은 독일의 미디어 아트 작가이다. 지난 해 그녀가 국립현대미술관에서 개인전을 가졌을 때 시민들의 반응이 의외로 뜨거워 관심 있게 지켜본 기억이 있다. '데이터의 바다'라는 타이틀을 가진 해당 전시에서 여러 독특한 관점이 목격되었지만, 개인적으로 기억에 남는 것은 인간 사회의 위계를 디지털 화면에서의 해상도로 빗댄 시각이다. 가령 온라인을 떠도는 저해상도 이미지의 가치가 인간 사회의 현실을 나타내는 듯한 비유는 정말 신선한 발상이라고 생각했다.

작가는 기술과 예술의 접점에 있는 미디어 아트를 하는 것도 모자라 예술가, 교수, 정치평론가, 수필가 등 다양한 분야를 자유자재로 넘나들며 활발한 활동을 펼쳐 왔고 세계 미술계에서 가장 영향력 있는 인물 1위로 선정되기도 했다. 이력을 좀 더 살펴보니 철학 박사

학위도 취득한 점이 눈에 띄는데, 그러고 보면 다양한 학문의 경계를 넘어선 한 개인의 호기심이 얼마나 큰 시너지를 내는지도 상기해볼 수 있다. 그녀의 인생을 살펴보고 있자니 얼핏 과학, 철학, 예술의 경계를 넘나들었던 레오나르도 다빈치가 연상된다. 물론 자본주의 시대에 한 분야의 전문성은 매우 중요한 것임이 틀림없지만, 최고의 위치나 경지에 오른 사람들은 이상하게도 하나같이 특정한 영역 하나에만 머무르는 것을 싫어한다. 어쩌면 히토 슈타이얼이라는 한 예술가의 삶 자체가 인재를 바라보는 관점에 대한 새로운 패러다임을 제시하고 있는 듯하다.

융합형 인재와 그 숨은 뜻

교육부에서 정의한 융합형 인재의 뜻을 살펴보면 아래와 같다.

> "인문학적 상상력과 과학기술 창조력을 갖추고 바른 인성을 겸비하여 새로운 지식을 창조하고 다양한 지식을 융합하여 새로운 가치를 창출할 수 있는 사람"

최근에는 국내에서도 인문학을 전공한 엔지니어 양성을 시도하는 기업이 생겨나고, 대학들도 다양한 방식으로 학제 간 결합을 시도하고 있다. 물론 세계적인 흐름에 올라탄다는 점에서 대체로 긍정적으로 평가하지만, 한 가지 개인적인 우려도 있다. 자칫 이 트렌드마저도 혹시나 실험이나 유행 정도로 인식되지는 않을까 하는 점이다.

가령 지난 수년간 국내에 불었던 인문학 열풍을 살펴보더라도 인간과 사회, 역사와 문화를 통한 진지한 성찰의 역할보다는 오히려 취업을 위한 지식 쌓기, 혹은 '돈이 되는 인문학'이라는 키워드에 치중하는 경우가 대부분이었다. 교양으로서 인문학을 공부하는 근본 목적은 오랜 역사를 통해 인간이 쌓아 올린 지적 데이터를 본인의 삶에 적용해 사유의 폭을 확장하고 지혜와 통찰을 얻고자 함이다.

하지만 한국에서는 이마저도 유행이라는 틀 아래 상업화되어 버려 특정 방법론에 매몰되거나 돈을 더 잘 벌기 위한 수단 정도로 전락해 버린 점을 부정할 수 없다. 비유하자면 과거 한국 사회에서의 토익(TOEIC) 열풍도 비슷한 맥락이다. 국제화 시대에 영어가 중요하다고 해서 온 나라에 토익 열풍이 불었지만, 정작 토익 900점이 넘는 고득점자들도 외국인 앞에 서면 말 한마디 제대로 못 하는 것이 대부분이라는 자조 섞인 목소리가 넘쳐났다.

이 모든 것이 핵심과 본질이 아닌 기능이나 방편에 치중하다 보니 생기는 현상이다. 소위 '일타강사'라는 조야한 문화도 그래서 만들어졌다. 융합형 인재라는 말은 좋지만, 정작 핵심은 다양한 경험과 진지한 사고를 통해 날카로운 눈을 만들고 이를 창의력의 극대화로 연결하는 것이다. 주변에서 조금만 진지한 이야기를 해도 '진지충'이나 '꼰대'라고 비하하는 사회에서 단순히 A와 B를 섞어서 융합 교육이라고 칭한다고 해결될 문제가 아닌 것이다.

글로벌 싱크탱크(Think Tank) 소피아 뱅크(Sophia Bank)의 설립자 다사카 히로시는 그의 책《슈퍼 제너럴리스트》에서 지식을 지혜라고 착각하는 현대 사회의 병폐를 지적한다. 특히 "어째서 고학력자에게서 깊은 지성을 느낄 수 없을까?"라는 장에서 '해박한 지식'과 '지성'이 큰 연관이 없는 별개의 문제라고 꼬집었다. 즉 진정한 융합형 인재란 다양한 분야를 접한 뒤(Step 1) 이를 깊고 폭넓은 사고로 연결(Step 2) 할 수 있는 사람이어야 한다. 그리고 이러한 사람들이 많아져서 진지하고 다양한 대화와 토론을 일상에서 하는 것이 당연한 사회가 되면 억지스럽게 '융합형 교육'이라는 프레임을 따로 만들 필요도 없이 자연스레 사람들의 내면에 잠재된 창의성이 깨어나고 극대화될 것이다.

지능의 균형

하버드대학 교육학과 석좌교수 하워드 가드너(Howard Gardner)는 1983년 그의 저서 《Frames of Mind: The Theory of Multiple Intelligence》를 통해 인간의 다중지능(multiple intelligence) 이론을 소개했다. 대략 인간의 기본 지능을 최소로 분류하더라도 9개의 지능이 있다는 이론이며 현재 전 세계적으로 심리와 교육 분야에서 널리 이용되고 있기도 하다.

- 논리 수리 지능 (IQ - 지성 지능)
- 언어 지능 (IQ - 지성 지능)
- 공간 지능 (EQ - 감성 지능)
- 음악 지능 (EQ - 감성 지능)
- 신체 균형 지능 (EQ - 감성 지능)
- 대인 관계 지능 (HQ - 인간 지능)
- 자연 친화 지능 (HQ - 인간 지능)
- 자기 이해 지능 (SQ - 영성 지능)
- 실존 지능 (SQ - 영성 지능)

당장 먹고사는 것만이 목표였던 시대에는 시험이라는 도구를 통해 천편일률적으로 인재를 구별했다. 그러다 보니 1~2번(IQ) 지능에 포커스를 맞추어 기계를 찍어내듯 인재 양성을 할 수밖에 없는 한계가 있었다. 어느 정도 사회가 먹고살 만해진 뒤 자연스레 관심은 3~5번(EQ) 지능으로 확장되었지만, 여전히 나머지는 상대적으로 등한시되었다. 그나마 6~7번(HQ)은 웬만하면 있으면 좋은 것이라는 정도의 대접은 받았으나, 8~9번(SQ)의 경우 해당 지능이 높은 사람들은 사회적으로 이상한 사람 취급을 받기 일쑤였다. 아직 사회가 미성숙한 단계에서는 그들이 영재라는 개념을 쉽게 인지하지 못하기 때문이다.

인재를 구별하는 눈

　인재를 제대로 양성하기 위해서 가장 중요한 것은 역시 영재를 보는 눈이다. 과거 월트 디즈니(Walt Disney)의 케이스를 보면 이해가 쉬운데 그가 다니던 직장 캔자스 시티 스타(Kansas City Star)에서 해고당했을 때 그 사유가 상상력 부족 및 좋은 아이디어의 부재(lacked imagination and had no good ideas)였다고 한다. 천재의 마인드를 이해 못 하면 그들을 감별할 수가 없고 많은 영재가 자신의 잠재성을 깨닫지 못한 채 살아가거나, 오히려 본인이 이상한 사람이라고 느끼며 살아가는 경우가 허다하다. 실제로 영재 연구를 하는 학자들에 따르면 최소한 3명 중 1명의 학생에게 영재성이 잠재되어 있지만, 평생 그것이 미발견 상태로 머물러 있는 경우가 대다수라고 한다.

　사람의 가능성을 판단하기가 이토록 어려운 이유는 겉으로 드러나는 능력은 쉽게 보이지만, 그 밑에 잠긴 부분은 이해하기가 힘들기 때문이다. 제대로 된 인재를 구별하는 눈을 트레이닝하기 위해서는 역시 다양한 관점과 생각이 필요하다. 끊임없는 사고 훈련을 통해 일정 수준 이상의 통찰력을 얻게 되고 전일론적 시각을 가지게 되면 이것이 곧 사람의 숨은 능력도 제대로 분별하는 눈으로 연결될 수 있다고 본다.

1-3. 글로벌 영성 지수의 증가

　시카고대학 연구진은 미국 내 18세부터 34세 사이의 청년 중 종교를 가지지 않은 사람의 수와 트렌드를 조사했다. 해당 보고서에 따르면 1990년대 초반까지만 하더라도 그 비율이 10% 내외였으나, 이후 급격히 늘기 시작해서 2021년 기준으로 약 42%에 달했다. 학자들은 지금과 같은 트렌드라면 대략 2070년 정도쯤 미국 내 극소수의 기독교인만이 남으리라 예측한다.

　사실 미국의 이러한 트렌드는 유럽의 후행성에 불과하다. 많은 지표가 유럽은 이미 1980년대 이후부터 탈종교의 시대로 접어들었다는 것을 보여 주고 있으며, 특히 현재 북유럽은 거의 무종교 국가에 가깝다. 최근에는 심지어 사우디아라비아 같은 철저한 이슬람 국가에서도 젊은 층을 중심으로 무종교인이 늘고 있는데, 전문가들은 그 주요 원인으로 종교 지도자들의 지나친 정치 참여와 종교의 기업화, 냉전 종식 그리고 SNS의 대중화라고 분석한다.

미국의 저명한 정치학자였던 로널드 잉글하트(Ronald Inglehart) 박사의 저서 《Religion's Sudden Decline》에 이러한 내용이 잘 나와 있는데, 특히 2007년부터 2020년 사이 조사 대상 49개국 중 43개국에서 꾸준한 종교의 감소 현상이 나타나고 있으며 대부분 소득 수준이 높은 국가 위주로 나타나고 있는 현상이다.

그런데 단순히 종교가 쇠퇴하는 것이 아니라 주목할 만한 변화가 눈에 띈다. 미국의 여론조사 및 연구기관 '퓨 리서치 센터(Pew Research Centre)'에서 실시한 조사에 따르면 자신을 Spiritual but not religious(영적이지만 종교적이지는 않다.)에 속한다고 하는 미국인이 크게 늘어난 것으로 조사된 것이다. 해당 그룹에 속하는 사람들은 자신을 영적인 것 또는 초월적인 존재(힘)의 개념을 믿고 기도나 명상 등을 주기적으로 하지만, 특정 종교에 속하지는 않는 사람들이라고 밝힌 사람들이다. 특히 젊은 세대일수록 이 카테고리에 속하는 비율이 높았고, 또한 이 그룹에 속하는 사람들의 교육 수준도 미국인 평균보다 비교적 더 높은 것으로 조사되었다.

영성의 개념

일반적으로 영성이란 단어가 특정 종교와 깊이 연관되어 쓰이고 있지만, 본질적으로 종교 활동과는 직접적인 연관성이 없다. 영성은 한마디로 영혼의 지능이며, 영성 지수가 높다는 것은 생각하는 차원이 높다는 것이다. 이는 비과학적인 신비주의가 아니라 본인의 내면(무의식, 영혼)과 소통하는 능력이 높다는 것을 의미한다. 이는 직관력이나 메타인지와도 매우 밀접한 연관이 있는데, 본디 심리학(psychology)이라는 학문 자체도 그 어원을 살펴보면 인간의 영혼을 뜻하는 'psyche'가 출발점이다. 인간의 영혼을 탐구하는 학문이라는 뜻이다. 즉 영성이란 개념은 일반적인 오해와는 달리 특정 종교인이나 무당 등 신을 다루는 직업을 가진 사람들의 전유물이 아니라는 것인데, 가령 종교가 없는 한 양자물리학자가 깊은 통찰을 통해 우주의 질서를 깨달아 가면서 매우 높은 수준의 영성을 가질 수도 있는 것이다. 즉 무종교인이 높은 영성 지수를 가질 수도 있고, 종교인이 매우 낮은 수치를 보일 수도 있다. 가령 역 앞이나 지하철 안에서 "예수천국 불신지옥"을 외치고 다니는 사람들은 메타인지와 영성 지수가 매우 낮다고 추측해 볼 수 있다. 자신들의 행동이 본인이 믿는 종교에 도움이 되는 것이 아니라 타인의 혐오를 유발함으로써 더 방해가 된다는 기본적인 개념도 인지하지 못하는 상태이기 때문이다.

물론 그와 반대로 종교를 가지면서 높은 영성을 드러내는 경우도 많다. 가령 테레사 수녀 같은 분은 종교인이면서 상당히 높은 수준의 영성을 가진 인물이었고, 동시에 그녀는 특정 종교를 가지지 않았던 영성학자 데이비드 호킨스(David Hawkins) 박사를 영적 스승으로 존경했다고 잘 알려져 있다. 즉 이는 종교와 영성은 크게 유의미한 상관관계가 없으며 종교의 영역이 형이상학적 세계관을 독점할 수 없음을 잘 보여 주는 예시다. 굳이 비유하자면 테레사 수녀의 생전 영성 지수는 지하철에서 "예수천국 불신지옥"을 외치는 사람들보다 오히려 티베트의 승려 달라이 라마(*지도자 세습 명이다.)와 그 거리가 더 가깝다면 가까울 것이다. 이것이 바로 영성의 기본 개념이다.

영성 지능(SQ)의 시대

산업화 시대에는 지능지수인 IQ가 인간 지능을 서열화하는 주요 척도로써 작용하였고, 어느 정도 문명화가 이루어진 뒤에는 감성지수인 EQ가 대세였다. 많은 지식인은 앞으로 인간의 영적 지능을 나타내는 영성 지능, 즉 SQ(Spiritual Intelligence/Quotient)가 시대의 화두가 될 것으로 전망한다. 이 개념은 영국인 작가 다나 조하(Danah Zohar)가 1997년 그녀의 책《Rewiring the corporate brain》에 처음 소개한 뒤, 세계적인 교육학자 하워드 가드너(Howard Gardner)가 차용하면서 미국, 영국, 호주, 캐나다의 심리학자들 사이에서 널리 쓰이게 되었다. 한국에서는 대표적으로 이어령 박사가 "인간 지성의 종착점은 영성이다."라는 말을 남기기도 했고, 세계적인 교육학자인 조벽 교수가 그의 책《인재 혁명》에서 기계를 찍어 내듯 인재를 만들어 내는 현실을 비판하며 영성 지능을 강조한 바 있다. 이 수치가 높은 사람은 세상을 보다 큰 그림으로 바라볼 수 있고 높은 수준의 상상력과 창의력이 깨어나게 된다는 것이 핵심이다.

일반적으로 영성에 눈을 뜨기 시작하면 자신의 존재 이유와 사회, 나아가 인류애적인 고민을 시작하며 이는 예술, 문학, 기술, 과학, 철학 등 모든 분야를 막론하고 천재성을 드러내는 촉진제 역할을 하기도 한다. 실제로 베토벤, 피카소, 레오나르도 다빈치, 소크라테스, 헤르만 헤세, 괴테, 니체, 카를 융, 스티브 잡스 등 시대적 천재들의 삶의 궤적을 잘 살펴보면 분야를 막론하고 뛰어난 영성 지능을 소유한 자들이었다. 영어에서 천재를 뜻하는 'Genius'도 수호 영령이라는 뜻의 라틴어에서 유래한 것을 보면 이미 오래전부터 인간의 특출한 능력이 '영적인 어떤 것'과 매우 연관성이 높다는 것을 이해하고 있었던 듯 보인다.

영성을 기반으로 한 통합의 정신

일본의 사회학자 하시즈메 다이사부로는 자신의 저서 《세계는 종교로 움직인다》에서 기업인을 만날 기회가 있으면 먼저 종교를 공부하라고 권유한다고 밝혔다. 전 세계 모든 문명이 종교를 핵심으로 하여 그 사회를 만들어 갔기에 자세히 살펴보면 그 지적 유산이 정치, 사회, 경제, 문화 등 모든 방면에 지대한 영향을 미치고 있기 때문이라고 한다. 하지만 여기서 그가 말하는 '종교 공부'란 종교적 지식을 통해 특정 믿음이나 사상을 공고히 하고 나와 반대되는 생각을 배척하라는 뜻이 아니다. 오히려 다양한 믿음과 관점을 접하면서 사고방식이 더 확장되고 넓어질 수 있음을 의미한다. 사실상 '영성 공부'를 뜻하고 있는 것이다. 종교가 권위주의적이며 선과 악을 교리적으로 구분하여 강조한다면 영성은 조화와 통합에 관심이 많다. 아래 법륜 스님의 말을 들어보면 진정한 영성인의 자세가 무엇인지 대략 짐작이 가능하다.

> "요즘은 기독교 신자인데 불교 공부를 하고, 불교 신자인데 기독교 공부를 하는 사람들이 많습니다. 어떤 종교를 믿든 상관없어요."

본인이 불교라는 조직에 속해 있으면서도 이런 파격적인 발언을 공개석상에서 할 수 있다는 것은 경계와 속박의 틀을 넘어섰음을 의미한다. 이와 반대의 입장에서 유사한 면모를 보이는 경우도 있다. 책 《깨어있음, 지금 이 순간에 대한 탐구》의 저자 브라이언 피어스(Brian Pierce) 신부도 틱낫한 스님과 영성가 마이스터 에크하르트(Meister Eckhart) 신부의 세계관을 비교하며 결국 서로 다른 종교도 자세히 들여다보면 공통점이 많다는 것을 발견하고 상호 간의 포용을 이야기하고 있다. 혁명적인 변화가 일어나고 있는 세상에서 진정한 진리를 추구하는 사람들을 살펴보면 그들의 사고 메커니즘에서 모종의 유사성이 있다는 것을 어렵지 않게 발견할 수 있다.

1-4. AI에게 정치를 맡기는 게 낫겠다

한국에 와서 길을 걷다 보면 정치 현수막을 쉽게 접하는데, 한눈에 딱 들어오는 유치하고 자극적인 문구가 매우 많음을 느낀다. 정치인들이 무슨 생각으로 이러한 선전을 할까 생각해 보면 답은 분명 둘 중 하나다.

- ◆ 이 정도 수준의 일차원적인 사고밖에 못 하는 것
- ◆ 국민들이 일차원적인 사고밖에 못 한다고 판단하여 그들의 눈높이에 맞추는 것

둘 중 무엇이 정답인지는 모르겠지만, 한 가지 확실한 것은 둘 중 뭐가 되든 우려스럽다는 점이다. 한낱 미물도 단세포에서 다세포로 진화하며, 세균조차도 점점 더 스마트한 방식으로 진화하는 것

이 이치이거늘 수십 년간 같은 패턴을 반복하며 깨닫고 진화하는 점이 없다는 것을 보면 조만간 AI에게 정치를 맡기는 게 낫겠다는 생각을 하지 않을 수 없다. 그런데 단순한 우스갯소리가 아니라 실제로 그런 조짐이 보인다. 세계적인 역사학자 유발 하라리(Yuval Harari) 교수의 저서 《사피엔스》의 출간 10주년을 기념하여 AI가 작성한 글을 보면 적어도 좁은 관념(프레임)을 탈피한 의견을 제시했다는 점에서 고무적이다.

> "과거 우리는 국민국가와 자본주의 시장이라는 상상 속의 질서 덕분에 힘을 가질 수 있었다. 그 덕분에 전례 없는 번영과 복지도 이루었다. 하지만 그 상상 속의 질서가 오늘날 우리를 분열시키려 하고 있다."
> - 인공지능 GPT-3가 작성한 기념 서문 중 (출처: 서울경제신문)

상상에 의한 질서가 분열을 조장하여 증오를 한없이 증식시킬 수 있다는 메커니즘을 인공지능이 지적하고 있는 것이다.

대통령이 되어도 변함이 없더라

오바마 전 미국 대통령이 TV 쇼에 출연해서 농담 반 진담 반으로 한 우스갯소리가 있다. 그는 시의회에서 정치를 처음 시작했을 때 반대 진영의 의원들과 토론하면 너무 답답했다고 한다. 그 이유는 속이 너무 좁아 도무지 대화가 통하지 않아서였다. 그래서 나중에 주정부 레벨로 올라가서 상대 진영의 의원들과 토론을 해보니 역시 너무 답답했다. 그 후 더 열심히 노력하여 연방정부로 올라와 보니 역시 똑같았으며, 결국 대통령이 되고 나서 사람들을 만나도 역시 하나도 변함이 없더라는 것이다. 어떤 사회적 계급에 있던 모두가 자기가 보는 것만이 진실이라고 믿는 것을 꼬집는 에피소드다. 물론 오바마 자신도 그 틀에서 완전히 자유롭다고 볼 수는 없을 것이다.

편향성이 무서운 이유는 이것이 한번 형성되면 그 신념은 좀처럼 변하지 않기 때문이다. 남캘리포니아대학교(University of Southern California)의 뇌과학 연구진이 정치적 성향이 정보를 처리하는 데 주는 영향을 연구했는데, 정치적 성향을 바꾸는 것이 다른 정보들에 관한 입장을 바꾸는 것보다 훨씬 더 어려운 이유는 본인의 내면적 자아와 아주 깊이 연관되어 있기 때문이라고 밝혔다. 자라난 환경이나 본인이 기억하지 못하는 어릴 적의 상처까지도 모두 알게 모르게 영향을 미친다는 것이다. 그리고 한번 왜곡이 생기면 그 편향성을 극복하고 다른 생각을 인정하는 것이 몹시 어렵게 되는데, 그 이유는 우리의 뇌가 정보를 처리하는 속도를 최소화하도록 설계가 되어 있어 익숙한 사고 패턴으로만 가려는 성질이 있기 때문이다. 일종의 오토 파일럿이다.

그러다 보니 충분한 통찰력이 없는 상태에서 정치를 접하게 되면 프레임 씌우기를 끊임없이 반복하여 선과 악을 나누는 정치 기계가 되어 버리기 쉽다. 하지만 좌파가 우파를 보면 부아가 치밀고, 반대로 우파가 좌파를 보면 화가 나는 것은 사실상 본인 무의식 속의 그림자와 연관이 있는 경우가 대부분이다. 반대 입장을 가진 사람을 싫어하는 것은 자기 내면에 존재하는 원하지 않는 특징을 남에게 투사하며 자신의 연극적인 안정감을 유지하는 것이나 다름없다.

무의식의 세계는 단단한 껍데기로 둘러싸여 있기 때문에 감정의 근원을 알아차리기 쉽지 않아 무언가 꼴도 보기 싫은 것이 자기 내면세계의 그림자라는 것을 자각하는 것은 매우 힘든 일이다. 이를 이해하기 위해서는 끊임없는 성찰과 자기부정이라는 매우 힘든 과정에 직면해야 하므로 많은 사람은 이러한 어마어마한 프로세스를 시도할 엄두를 내지 못한다. 안타까운 사실이지만 정치와 이념, 진영 논리 등에 깊이 매몰된 사람들은 이를 알아차릴 만큼 스마트하지 못하다.

국민의 죽음조차도 프레임화

국민의 죽음은 그 사건을 떠나서 똑같이 안타까운 일이다. 하지만 이조차도 정치 프레임에 의해 그 본질이 훼손된다. 2000년대 이후 한국에서 일어났던 몇 가지 사건을 살펴보자. 미군 장갑차에 치여 죽은 효순이 미선이 사건이나 세월호 등의 사건은 좌파가 대변인이 된다. 연평해전, 천안함, 서해 공무원 피살 사건 등은 우파가 대변인을 자청한다.

이처럼 국민의 안타까운 죽음을 가지고 편이 갈린다는 것 자체가 상식을 한참 벗어난 것이다. 결국 편향에 따라 세상을 보는 프레임을 조정할 뿐이고 일부 성난 군중들은 각자 입맛에 맞게 장단을 맞추기를 반복 또 반복한다. 서로가 반대라고 생각하지만, 정작 대립적 인식이라는 틀을 벗어나지 못하고 함께 맴돌고 있는 것이다.

선거 때만 되면 지역감정에 따라 표가 갈리는 상황도 부족한 시민의식과 후진성을 드러내는 전형적인 모습이다. 물론 정치인들의 무능함도 있지만, 이들을 견제해야 하는 시민들도 책임이 없는 것이 아니다.

노벨 문학상을 받았던 멕시코의 시인 옥타비오 파즈(Octavio Paz)는 사회가 양분화되어 심각하게 대결하는 원인을 조화의 부재이며, 이는 곧 철학적 사고가 부족하기 때문이라고 보았다. 권력 사이클의 본질을 따지자면 어차피 힘을 가진자는 유지가 목표이고 없는자는 변화가 목표이다. 그 본질은 여야가 바뀌어도 마찬가지이며 거대한 흐름이 돌아가는 데 있어서 표면적인 이데올로기가 조금 다르게 제시되는 것뿐이다.

독재가 싫어서 독재에 반항했지만, 자신이 정권을 잡으면 결국 독재자의 사고 구조를 그대로 보여 주는 것도 반복되는 패턴이다. 정작 진리와 진실을 추구하는 사람들은 자기 자신부터 먼저 돌아보고 무의식 세계의 어두운 그림자를 인식하여 불편한 진실을 마주한다. 이는 본능적으로 부딪히고 싶지 않은 고통스러운 과정이기 때문에 이것이야말로 진짜 용기 있고 지혜로운 자들만이 할 수 있는 일이다. 진정한 의미에서의 지성이라면 세상을 바꾼다고 큰소리치기 전에 자신부터 바뀌어야 함을 알게 되고 이는 곧 다름을 인정하는 포용의 크기가 커짐을 의미한다. 그래서 정치인은 본질적인 의미에서의 지성과 의식 수준이 낮은 사람들이 현란한 말 놀림과 현학적인 수사를 갖다 붙이는 것에 능할 때 가질 수 있는 직업이다. 극히 드물게 예외는 있으나 대부분은 확실히 그러하다.

이념보다 앞서는 조직 논리 계산법

서정시의 거장 정호승 시인은 얼마 전 한 매체와의 인터뷰에서 대한민국에서 유독 '정치만' 낙후되었다고 꼬집었다. 정치인들이 국가를 위하는 척하면서 사실은 집단적 이익만을 추구한다고 지적한 것인데 사실 이러한 메커니즘은 오랜 역사를 거슬러 올라간다. 임진왜란이 일어나기 전 조선은 도요토미 히데요시의 국서를 받았다. 요는 중국을 치러갈 터이니 길을 빌리자는 내용이었고, 조선 조정에서는 황윤길과 김성일을 통신사로 임명하여 일본에 파견하여 그들이 조선을 침략할 의도가 있는지를 파악하도록 했다. 하지만 두 명의 통신사가 귀국하여 보고를 할 때 황당한 일이 일어났다. 서인에 속한 황윤길은 일본이 쳐들어올 것이라고 주장하고 동인에 속한 김성일은 절대 그럴 일 없다고 주장했다.

물론 같은 것을 보고도 해석이 다를 수는 있지만, 문제는 전쟁 대비는커녕 동과 서로 편이 갈려 싸움을 하며 세월을 낭비했다는 점이다.

이념을 맹종하는 것도 유치한 사고이거니와 그보다 더한 것은 그 편협한 이념조차도 조직 논리 앞에서는 다 내팽개치는 것이다. 가령 대한민국의 진보를 대변하는 정당이 북한 주민의 인권 문제에는 입을 다무는 모습을 보면 알 수 있다. 보편적 인권에 목소리를 높이다가도 그 신념이 조직 논리를 이기지는 못하는 것이다. 상대를 공격할 좋은 꼬투리를 잡은 보수 정당은 모순이라며 목소리를 높인다. 서로 간에 정파적 이해관계에 따라 자기 합리화식 내러티브를 끊임없이 생산하는 것을 보면 사안만 바뀌었지 발상의 메커니즘은 수백 년간 변함이 없다. 마치 단테의 《신곡》에서 지옥에 있는 자들이 좁은 길 양쪽에서 큰 바위를 굴리며 서로 대치하여 길을 비켜주지 않고 끊임없이 싸우는 모습처럼 말이다.

아닌 게 아니라 가까운 미래에 정말로 AI에게 정치를 맡기는 것이 차라리 더 나을 수도 있겠다 싶다.

1-5. 실수를 숨기지 않는 핀란드 문화

줄리 주오(Julie Zhuo)는 페이스북(Meta)의 초창기 멤버였고 현재는 성공한 중국계 미국인 기업가이다. 그녀의 책《The Making of a Manager》에는 페이스북이 단 몇 명의 직원만 있던 초창기 시절부터 크게 성장하는 과정을 직접 경험한 그녀의 이야기와 지혜가 가득하다. 그중 한 인턴사원의 실수 스토리가 기억에 남는다. 인턴으로 들어온 직원이 페이스북의 코드 베이스(code base)를 잘못 건드려서 전체 서비스가 잠시 중단되는 사태가 일어났고, 모든 직원이 달려들어서 그 문제를 해결하느라 동분서주했다는 이야기다. 결국 문제는 해결되었고 그 인턴은 너무나도 큰 실수를 저질렀기에 자신이 해고당할 거라고 생각했지만, 그렇지 않았다고 한다. 오히려 해당 인턴의 매니저는 자신이 제대로 된 지시를 내리지 못했다고 공개적으로 사과했고, 엔지니어들은 문제가 있는 것을 미리 발견하지 못한 부분을 반성하면서 사태가 종료되었다.

앞선 조직 문화를 가진 기업들을 보면 실수에 대해 반드시 누군가 책임져야 한다는 문화보다는 법에 어긋나지 않는 이상 경험의 축적으로 인식하는 문화가 있는 것 같다. 그렇게 모두가 일정 부분 책임을 인정하고 경험치를 쌓았다고 생각하고 넘어가는 문화를 만들어야 팀원들도 조직 내에서 더 안정감을 느낄 수 있다.

반대로 우리나라 정책, 국책 사업은 무조건 100퍼센트 '성공'이라는 우스갯소리가 있다. 어떤 사업이건 실패하면 해당 공무원이 문책당하니 문서(보고)상으로는 긍정적인 측면만 나열해서 성공이라고 평가한다는 것이다. 실패도 성공이라고 무조건 우기면 되니 실패라는 개념이 존재할 수가 없다. 이처럼 실수를 했을 때 불이익을 받게 된다는 문화가 강한 경우 그것을 은폐하려고 하는 문화가 지배적이다. 그러니 무엇이 문제인지 근원을 파악할 수가 없고 그것이 쌓이고 쌓이게 되면 언젠가는 더 큰 문제로 터질 확률이 높아진다.

유럽의 실리콘 밸리

핀란드의 수도 헬싱키는 유럽의 실리콘 밸리로 불린다. 인구 약 550만의 작은 국가이지만, 세계 행복지수와 교육 경쟁력 부문에서 각각 1위를 차지한 것뿐만 아니라 인구 대비 스타트업 창업자 수가 가장 많은 국가의 중심이기 때문이다. 강직한 국민성도 핀란드를 대표하는 정신이다. 책《미래는 핀란드에 있다》의 저자 리처드 루이스(Richard Lewis)에 따르면 세계에서 자기 민족이 가장 정직한 민족이라고 자부하는 두 나라가 있는데 바로 독일과 핀란드라고 한다. 단순히 자화자찬이라고 치부하기엔 그 근거가 너무 탄탄하다. 특히 핀란드인은 겸손과 신뢰를 그 어떤 가치보다 높게 평가하기에 지속 가능성 평가나 반부패지수에서 늘 세계 1위를 차지하고 부채 상환 기간도 가장 짧은 국가이다.

이런 핀란드를 만든 문화적 배경은 SISU(시수)이다. 물론 긴 역사에 녹아 있는 그 뿌리 깊은 정서를 한마디로 설명하는 것은 어렵지만, 'SISU'는 대략 역경에 맞서는 용기와 실패를 두려워하지 않고 도전하는 정신 정도의 의미가 있다. 이처럼 성공과 실패를 함께 자연스럽게 받아들이고 신뢰를 최우선시하는 성숙한 마인드가 교육이나 경제적인 성과로도 이어지는 선순환 구조를 보여 준 진정한 롤모델 국가라 할 수 있다.

나는 개인적으로 한때 핀란드 기업의 호주 법인에서 오래 근무했었기 때문에 핀란드와 호주 양국의 특성이 섞인 기업 문화를 경험했고, 실수를 비교적 자유롭게 보고하는 문화에 익숙한 편이다. 되돌아보면 사회 초년생 시절부터 실수를 자유롭게 공유하고 축적하여 자산화한다는 개념이 보편화된 문화에 익숙해지는 것은 꽤 중요한 것 같다. 그렇지 않으면 나중에 시니어급으로 올라갔을 때 잘못된 것을 뒤늦게 깨닫고도 실수를 인정하지 않고 오로지 자신의 결정을 정당화하기 위해 더욱 깊이 개입하는 소위 '콩코드 오류'를 범하기 쉽기 때문이다. 실수를 질질 끌고 가다 보면 어느 순간 본인이 그것을 깨달아도 본인이 틀렸다는 것을 인정하기가 더 어려워지며 속으로 후회하면서 겉으로는 변명을 늘어놓게 된다.

급변하는 세상에서 모든 것을 다 잘하기란 불가능한 일이기에 실수하는 것이 체면이 구기는 일이라는 고정관념에서 벗어나야 한다. 오히려 많은 심리학 연구에서 상대방이 실수를 인정하고 사과할 때 그 사람과의 관계를 더 가치 있게 생각한다는 것을 보여 주고 있다. 자신이 무엇을 잘하고 어떤 부분이 부족한지 등 스스로 객관적인 판단을 하는 자기 성찰 능력과 조직(사회)의 투명성이 잘 조화를 이룰 때 건강한 문화와 전통이 유지될 수 있을 것이다.

CHAPTER

2

생각의 유행

2-1. 1+1= 다문화, 3x3= 남녀평등?

　　호주의 코미디언 닐 코하카(Neel Kolhatkar)가 제작한 단편영화 〈Modern Educayshun(현대교육/*의도적으로 철자를 틀리게 제목을 지었다)〉을 보면 현대 문명 사회의 하이퍼센시티브 컬쳐(Hypersensitive culture), 즉 '올바름'이라는 가치에 지나치게 민감한 문화를 코믹한 방식으로 풍자하고 있다.

　　대강의 시놉시스는 세상의 모든 문제를 평등이란 가치로 몰아가는 교실을 배경으로 일반적인 상식을 가진 주인공 남학생이 들어와서 당황해하는 모습을 그리고 있다. 가령 '1+1=?'이라는 교사의 질문에 '2'라고 답한 주인공에게 틀렸다고 하고, multiculturalism(다문화)이라고 답하는 학생에게 정답이라고 한다. 이어서 '3x3=?'이라는 질문에도 '9'라고 답하는 학생을 틀렸다고 하고, Gender equality(남녀평등)이라고 답하는 여학생에게 정답이라고 하는 식이다. 교사가 과제의 점수를 매길 때도 제일 리서치를 잘한 주인공 학생에게 1점을 주는 반면 게이, 소수인종, 여성 등 minority(소수자)에 속하는 정도에 따라 큰 가산점을 주어 거의 아무것도 하지 않은 동양인 게이 학생이 최고점을 받는 모습을 보여 준다.

영화의 후반부에서 여학생 페넬로페는 "Fact(팩트) 따위는 중요하지 않고 사람들의 Feeling(감정)이 제일 중요하다."라고 말하며 주변 학생들의 공감을 끌어낸다. 그리고 종국에는 교실 구성원 모두가 합심해 이러한 분위기에 적응하지 못하는 주인공 남학생을 감금시켜버리는 결말로 이어진다.

정치적 올바름(PC 주의)에 대하여

미국의 한 정치인이 Merry Christmas(메리 크리스마스)가 특정 종교를 가지지 않은 사람을 차별할 소지가 있다며 해당 표현을 없애야 한다고 주장하는 기사를 본 적이 있다. 올바름이라는 가치에 너무 집착하다 보니 오랜 전통과 문화를 있는 그대로 인정하지 못하는 것이다. 심지어 영어권 국가에서 흔히 쓰는 'Ladies and Gentleman'이라는 표현도 성별을 구별하는 용어이니 없애자는 급진적인 목소리도 있다. 하지만 어떤 하나의 가치를 무조건 수호해야 한다는 신념을 가지고 나만 옳고 내가 속한 편만이 선한 집단이라고 생각하는 것은 심리학적으로 Cognitive bias(인지편향)의 한

종류이다. 가령 불교에서 중시하는 가치 중 하나인 방생을 살펴보자. 동물들을 자연에 풀어 주자는 가치는 분명히 좋은 의도이며 선한 가치이지만, 그 한 단면에 지나치게 몰입해 무조건 지켜야 할 가치라고 빠져 버리면 선을 넘게 된다. 예를 들어, 내 이웃이 집안에서 기르는 강아지도 야생으로 보내야 할 대상으로 보이게 되는 것이다. 정작 강아지와 주인은 함께 사는 게 서로가 행복하지만, 방생이 무조건 지켜야 할 신념이 되어 버리는 순간 균형감 있는 분별을 하는 능력을 상실하게 된다.

진보 집착적 사고와 진보는 다르다

한 유튜브 영상을 보면 이러한 사고방식이 곧바로 사회 갈등으로 이어지는 모습을 확인할 수 있다. 미국의 동물 보호단체 회원들이 낚시터에 단체로 몰려가 타인의 낚싯대를 집어던지고 물고기들의 아픔을 공감하라고 고함을 치며 시위하는 모습이다. 이러한 장면은 동물애호가이며 심지어 채식주의자인 나에게도 그리 달갑게 다가오는 모습은 아니다. 사람마다 인식의 층위가 다 다른 것인데 이것을 무시한 채 남을 억지로 '계몽'하려 하는 것은 도를 넘어선 교만이기 때문이다. 최근 각국의 환경 단체 활동가들이 기후 위기를 명목으로 명화를 훼손하려는 시도도 같은 맥락으로 볼 수 있다. 영국의 환경 단체 회원들이 런던 내셔널 갤러리에 전시된 빈센트

반 고흐의 〈해바라기〉 그림에 토마토 수프를 뿌린 사건에 이어, 독일의 환경 단체 활동가들이 독일 포츠담 바르베리니 미술관에 전시된 한화 약 1,600억 원 상당의 글로드 모네의 대표작 〈건초더미〉라는 그림에 으깬 감자를 집어 던진 사건 등이다. 최근 각국의 환경 단체들이 더 많은 관심을 끌기 위해 이러한 극단적인 방식을 택하는 경우가 종종 있는데 기후 재앙이라는 위기를 더 널리 알리고자 하는 의도는 좋지만, 테러라는 방식을 택한 것은 눈살을 찌푸릴 수밖에 없는 과한 행동이다.

이러한 행동을 하는 사람들의 속을 파고 들어가 보면 억압된 감정이 건강한 방식으로 표출되지 못하고 무의식 속에 눌려 있는 경우가 대부분이다. 정신의학자 알프레드 아들러(Alfred Adler)도 이러한 마인드를 경계할 것을 강조했는데, 내재된 결핍이나 스트레스를 '올바른 행동'이라는 틀 안에서 분출하게 되면 그 '명분' 때문에 어떤 행동을 해도 스스로 정당성을 부여하는 착각의 늪에 빠지기 때문이다. 한쪽으로 치우친 열정에 불을 지핌으로써 집단 내 소속감을 강화하고 내재된 분노와 강박, 열등감과 가학성 등의 욕구를 분출시킬 최대한 정당한 방법을 찾는 것이다. 저명한 정신의학자이자 의식 연구의 대가였던 데이비드 호킨스(David Hawkins) 박사가 그의 저서 《호모 스피리투스》에서 쓴 글을 보면 이러한 진보 집착적 사고의 본질을 엿볼 수 있다.

"평등주의를 표방하면서 모순되게도 우월한 태도를 취하고 도덕적인 척한다. 정치적 범주를 지나치게 강조하여 인간 현실 전체를 무시하고 삶의 정치적 측면이 인간 삶의 여러 성질 중 하나에 불과하다는 것과 그것이 생존이나 정서적 행복보다 우위에 있지는 않다는 사실을 보지 못한다."

누구보다 진보적인 가치를 중시하는 내가 진보 정치 성향이나 진보를 표방하는 조직과는 거리를 두는 이유다. 내가 말하는 진보란 선진 문명과 앞선 마인드, 그리고 조화와 균형을 동시에 뜻하기 때문이다. '정치적 올바름'은 좋지만, 전일주의(holism)적 관점에서 과연 누구를 위한 정치적 올바름인가를 신중하게 따져 보지 않을 수 없다.

2-2. 자존감을 찬양하는 현대 사회

　작년에 코트라(KOTRA)가 발간한《2022 한국이 열광할 세계 트렌드》라는 책에는 글로벌 트렌드를 크게 4가지 주제와 총 10가지 키워드로 나누고 있다. 그중 첫 번째 주제는 '치유사회'이며 그중에서도 가장 먼저 나오는 키워드가 마음 케어(Relax Science), 지치고 힘든 사람을 위한 비즈니스이다.

　선진국의 전유물로 여겨졌던 심리학의 대중화가 한국을 포함해 전 세계적으로 확산하고 있는 트렌드의 한 단면이기도 하다. 그리고 이러한 흐름은 서강대 최진석 명예교수가 설명하는 국가의 성장 단계별 핵심 기능을 하는 학문과도 일치하는 양상을 보인다.

◆ 국가의 초기 단계 - 법학, 정치학 등이 중심 기능
◆ 국가의 성장 단계 - 신문방송학, 공학, 경영학 등이 중심 기능
◆ 선진국 단계 - 철학, 형이상학, 심리학 등이 중심 기능

만약 이 말이 실감이 잘 가지 않는다면 우리 사회에서 자존감, MBTI, 가스라이팅, 페르소나, 소시오패스, 나르시시스트 등의 용어가 20년 전에도 지금처럼 널리 쓰이고 있었는지 되짚어 보면 얼추 그 의미를 짐작할 수 있다.

대중적인 큰 인기와 명성을 얻는 심리학자들이 나타나는 현상도 빼놓을 수 없는 부분이다. 그뿐만 아니라 본캐(원래 캐릭터)와 부캐(보조 캐릭터)를 구분하는 현상도 주목할 만하다. 한 인간이 가지고 있는 사회적 관계 속에서의 다양한 페르소나란 개념, 즉 분석심리학의 한 영역이 대중들의 삶 속에 깊이 침투했다는 의미로 해석된다.

심리학의 대중화와 그 이면

하지만 어떤 분야이든 대중적인 관심이 급격히 높아지면 나타나는 부작용이 있다. 가령 어떤 기업에서 지원자의 MBTI를 기준으로 면접 여부를 결정하는 등의 현상이다. 다양한 사람이 모여야 조직이 힘을 발휘할 수 있다는 근본적인 '맥락'을 배제하고 MBTI라는 독립적인 영역을 맹신하면 나타날 수 있는 초점의 오류(인지적 편견)다.

그뿐만 아니라 명상의 효능이 과학적으로 입증되고 그 인기가 전반적으로 높아지자, 직원들에게 명상을 시켜 생산성을 향상하고자 하는 일부 기업도 나타났다. 그리고 우리 사회에서 아무리 강조해도 지나침이 없다고 여겨질 만큼의 대우를 받고 있는 '자존감'도 이러한 문제에서 완전히 자유로울 수는 없다. '맥락 안에서의 자존감'을 이해하지 못하면 오해가 생길 수도 있다는 뜻이다.

자존감 깎아 먹는 사회 1

작은 의사 결정 하나하나부터 삶의 방향마저 치밀하게 계산하고 신경 써야만 살아남는 한국은 태어나서부터 자라면서 자존감이 낮아질 수밖에 없도록 촘촘히 설계된 사회이다. 그리고 잘 알려진 대로 낮은 자존감은 내적인 열등감과 깊은 연관이 있는데, 즉 한국인은 외부로부터 무언가를 인정받아야지만 존재 가치가 확인되는 특성을 다른 어느 민족보다도 강하게 가지고 있다고 해석이 가능하다. 가령 한국 콘텐츠나 한국인 스포츠 스타의 국제무대에서의 대활약을 비추는 뉴스 뒤에도 항상 따라오는 것이 해외 반응이다. 그걸 직접 확인해야지만 안도감이나 만족감을 느끼는 사고 회로 때문이다. 심지어 공중파 뉴스에서도 유사한 패턴이 드러나는데 가령 한미 정상회담을 하더라도 그날 저녁 뉴스에 주요국의 반응을 살펴본답시고 일본의 반응 또는 중국의 반응 등에 대해 보도하는 것이 쉽게 관찰된다.

물론 외교 정세를 파악하는 정보의 역할도 하지만, 좀 더 파고들면 일본과 중국을 별로 좋아하지 않으면서도 내심 그들에게 인정받고 싶어 하는 묘한 콤플렉스를 동시에 가지고 있다는 의미이기도 하다. 만약 미국-독일 간 정상회담을 할 때 독일 언론에서 '프랑스는 어떤 반응인가 영국은 어떤 반응인가'라는 식의 보도를 한다면 정말로 우스꽝스러운 일일 것이다. 그뿐만 아니라 미국, 중국, 러시아, 일본 등 전통적인 열강의 틈에 끼어 있음을 은유하는 "고래 싸움에 새우 등 터진다."라는 식의 표현도 종종 쓰인다. 힘의 비교라는 단순한 관점을 통해 자국을 '새우'에 빗대는 자조적인 표현을 쓰며 자존감을 스스로 깎아 먹는 자기 암시를 하는 것이다.

자존감 깎아 먹는 사회 2

저명한 사회심리학자 김태형 박사의 강연 중 흥미로운 내용이 있었다. 한국 사회의 극심한 불안과 유행 및 성공에 대한 집착을 '다층적 위계 사회'가 원인이라고 분석하는 부분이었는데 평소 내 생각과 매우 흡사했기에 많은 공감을 한 부분이다. 가령 조선 시대에는 양반-평민-천민 등으로 위계의 구분이 비교적 세밀하지 않았지만, 현대 한국 사회는 위계의 구분이 비정상적으로 촘촘하게 짜여 있어서 어딜 가나 은연중에 서열을 따지는 문화가 심하다는 내용이다. 가까운 인맥 내에서도 단지 표면적으로만 드러나는 차이를 세밀하게 인지하는 습관이 고착화되었고 이러한 사고 패턴이 다른 국가에 비해서도 유독 심하다. 그러다 보니 한국 사람들은 극심한 '존중 불안'에 시달리며, 끝도 없는 경쟁의 소용돌이에서 벗어나지 못한다는 것이 골자다. 그리고 이러한 문화가 결국 위계 간 불화는 물론 위계 내 불화도 심화시키는 악순환의 고리(vicious cycle)가 된다는 것이다.

2022년 미국 갤럽에서 발행한 '세계 감정 보고서'를 보면 조금 더 와닿는다. '존중받은 경험'이라는 항목에서 한국인의 응답은 121개국 중 119위(뒤에서 3등)를 차지하였는데 이는 결코 가벼이 여길 대목이 아니다. 물론 인간이라면 누구나 비교를 할 수밖에 없다. 하지만 표층적인 수준의 비교를 통해 우월감을 느끼고자 하는 것이 삶의 궁극적인 의미이자 동력이 될 경우 이상과 현실의 괴리에 따라 자존감의 정도가 쉽게 좌지우지되는 것이 당연하다.

억지로 자존감을 올리려는 오해

물론 현재 우리 사회에서 자존감이 중요하다는 인식은 많이 높아졌다. 서점의 한 코너에는 자존감에 대한 이야기가 넘치고 너도나도 자존감이 없이는 이 힘든 사회를 살아가기 힘들 것이라 외친다. 하지만 문제는 사회 구성원의 평균적인 의식 구조 개선이나 개개인의 근원적인 내적 열등감을 함께 다루기보다는 자존감을 높이는 스킬이나 방편에만 집중하는 입체적이지 못한 접근법을 쉽게 관찰할 수 있다는 점이다. 가령 자존감 전문가들이 흔히 하는 말 중 "타인의 시선에 전혀 신경 쓸 필요가 없다."라는 조언을 예로 들어보자. 남들은 나를 신경 쓰지 않으니 타인의 시선에 신경 쓸 필요 없다고 하며 이를 증명하는 실험 결과 등을 제시하지만, 분야를 막론하고 많은 연구나 실험에 실행자의 의도나 선입견이(알게 모르게) 개입된다는 사실을 알면 한쪽으로만 생각할 수도 없는 노릇이다.

정작 우리 사회의 현실은 모든 스탠더드에서 정상 범주에 들어야 시선이 가지 않는 것이지 그 범주에서 벗어나면 솔직히 꽤 많은 시선을 받게 된다. 특히 한국에서는 그 정도가 심해서 외국의 심리 연구 결과를 우리 사회에 그대로 대입하는 것도 곤란한 측면이 있다. 기본적으로 사회화와 개인화를 동시에 달성하고 싶어 하는 인간의 모순적인 감정에 비추어 볼 때 그저 나를 좀 더 사랑하고 타인의 시선을 의식하지 않도록 노력해야 한다는 식의 접근으로 자존감을 설명하기에는 부족한 면이 있는 것이다. 자존감이란 단순히 남을 신경 쓰지 않고 나를 사랑한다고 저절로 올라가는 게 아니라 끊임없이 사고하고 성찰하는 습관을 통해서 나온 각자의 생각(사상)이 그 형태를 잡아가면서 지혜가 깊어지는 것과 깊은 연관이 있다. 어느 정도 세상을 더 폭넓게 이해하는 단계에 이르면 본인이 가진 열등감이나 콤플렉스도 사실은 장점이고 신이 주신 선물이라는 것을 깨닫는 인식 전환의 순간이 오게 되는데, 그 본연의 장점을 인정하고 개발하는 습관을 지니면 개성이 더욱더 뚜렷하게 드러나고 자존감은 자연스레 올라간다.

내면의 단단함

책《혼자 있는 시간의 힘》의 저자 사이토 다카시는 "목표한 것을 이루려면 단독자가 되어 스스로를 단련하는 과정이 반드시 필요하다."라고 말한다. 그는 혼자가 될 용기가 없다면 내면의 단단함이 아직 부족하다는 것으로 해석한다. 이는 다른 사람과의 관계를 완전히 차단하라기보다는 진정한 자기를 돌아볼 수 있고 내면의 목소리를 진지하게 듣는 과정과 노력을 의미한다.

주로 혼자 있으면서 많은 독서와 사색을 통해 내공을 쌓는 이러한 과정을 10여 년간 꾸준히 했던 다카시 교수는 결국 세간의 주목을 받는 스타 교수가 되었고 집필한 많은 책 중 여러 권이 베스트셀러가 되었다. 그의 책들은 전 세계로 번역되어 출간되었고 일본 현지에서만 1,000만 부 이상이 팔렸다. 그는 혼자 있는 시간에 느낀 고독감이 나중에 엄청난 에너지(내공)로 바뀔 수 있다는 것을 깨달았고 단독자로서의 여정은 사람의 숨겨진 재능을 현실화하기 위해 꼭 필요한 인생의 과정으로 보았다. 다른 사람의 인정과 칭찬을 갈구하고 끊임없이 목말라한 것이 아니라 내면의 성장을 최우선의 가치로 두었던 것이다.

그렇다면 이러한 과정을 통해 본인이 진정으로 소중하고 가치 있다는 내적 자각을 한 구성원이 대다수가 된 사회를 한번 상상해보자. 이때는 자존감을 '억지로' 올리려고 애를 쓰는 문화 자체가 필요 없게 될 것이다. 표면적인 부분만 보고 타인을 평가하고 이해하는 구성원이 상대적으로 소수가 되면서 자연스레 수준 높은 정신 인프라가 형성될 것이기 때문이다.

이렇게 진정한 의미에서의 자존감 레벨이 사회 전반적으로 올라가면 남들이 뭘 가졌는지 어떻게 사는지 등을 일일이 따져보고 비교할 필요가 없어지고 성장과 발전의 관점에서 자신, 그리고 타인의 잠재력을 보는 눈이 대세가 된다. 예를 들어 대한민국 사회에서 누군가 혼자 스웨덴이나 핀란드 수준의 의식 레벨을 가진다고 자존감이 올라가는 데 큰 도움이 된다기보다는 구성원 대다수의 정신 수준이 동반 상승할 때 자연스레 자존감의 평균치가 함께 올라간다는 것이다. 그래서 나는 자존감을 올리는 기술 따위에 시간을 낭비하기보다는 함께 올라가는 길을 모색하는 것이 더 빠른 길이라고 말한다.

2-3. 자기 계발 콘텐츠의 그림자

자기계발서는 항상 꾸준한 인기를 유지하는 장르다. 시중의 서점뿐만이 아니라 도서관에 가도 자기계발서가 차지하는 서가는 아주 규모가 큰 것을 볼 수 있다. 하지만 오랫동안 자기계발서의 본질에는 큰 변화가 없고 무언가 채워지지 않는 인간의 갈망을 이용해서 인생을 바꾸자는 식의 구호나 또는 인생을 어떻게 살아야 하는지를 가르치려 드는 아포리즘(aphorism) 가득한 책이 넘쳐나는 것은 여전하다.

그뿐만 아니라 미시적인 생활 규칙에 대한 조언도 넘쳐난다. 그리고 비단 책뿐만 아니라 유튜브 등 다양한 플랫폼에도 자기 계발 및 동기 부여 관련 영상이 넘쳐나지만, 대부분 시중의 책들을 토대로 간추린 영상들이라 여기서 창의성과 신선함을 기대하기는 어렵다. 자기 계발 콘텐츠의 유형은 다양하지만, 대표적인 가지 유형을 간추려 보면 아래와 같다.

- ◆ 자본주의형 - 큰 부와 성공의 길을 추구하라.
- ◆ 마음 치유형 - 내면의 안정과 행복을 추구하라.
- ◆ 자아실현형 - 기존의 틀을 거부하고 자립을 향해 나아가라.
- ◆ 심리분석형 - 무의식에 집중하면 창의력이 극대화된다.
- ◆ 무한긍정형 - 긍정과 감사를 실천하면 인생이 풀린다.
- ◆ 인내형 - 나를 죽이지 못하는 고통은 나를 더 강하게 할 뿐이다.
- ◆ 비움형 - 소식, 소확행, 무소유 등
- ◆ 루틴형 - 미라클 모닝, 아침형 인간, 시간 관리, 습관 등
- ◆ 개운형 - 운와 행운을 잡는 법

아마 대부분의 자기 계발 콘텐츠가 위에 열거된 일반적인 유형에서 크게 벗어나지는 않을 것이다. 물론 나 또한 이 책과 이전 책에서 많은 이야기를 다루고 있지만, 자기 계발 콘텐츠를 어설프게 접해서는 사람의 인생을 크게 위험에 빠뜨릴 수도 있다는 점을 지적하지 않을 수 없다.

개인적으로 수많은 책을 읽고 분석해 본 결과 아무리 좋은 자기 계발 이론도 개인의 가치관과 철학을 바탕으로 본인에게 맞는 옷을 입지 않으면 아무 소용이 없다. 어떤 목표를 설정함에 있어서 가장 중요한 것은 자신을 잘 파악한 상태에서 현실적이면서도 달성이 어려운 지점을 잡아야 하는 데 이 중간 지점을 찾기가 매우 어렵다. 그래서 자기 계발 콘텐츠가 오히려 혼란을 가중시켜 선을 넘도록 자극할 수 있다.

그뿐만 아니라 어설픈 지식이 쌓이면 또 다른 틀 속에 스스로를 가두는 현상이 생겨 자기 계발 중독에서 벗어나지 못하는 경우도 많다. 뚜렷한 목적의식 없이 특정 이론이나 인물을 맹종하며 시키는 대로 열심히 따라 하는 자체로 고양됨을 느끼거나 또는 다들 바쁘게 사는 것처럼 보여 무언가 하지 않으면 도태될까 봐 불안한 마음에 뭐라도 하는 패턴이 반복된다. 특히 서양 철학을 기반으로 한 자기계발서는 이분법적 사고가 녹아있는 경우가 많아서 All or nothing(전부 또는 제로) 식의 도발적인 사상이 은연중에 주입되기도 한다. 물론 자기 계발 콘텐츠는 이 세상에 꼭 필요한 문화 장르이고 많은 이들에게 올바른 방향을 제시하기도 하지만, 잘 모르고 소비하면 독이 될 수도 있다는 점과 그 이면의 원리를 몇 가지만 소개하고자 한다.

① 기존의 틀에 반항하고 자립하라

기존의 틀에 반항하라는 도발적인 사상을 제시하는 수많은 책이 있지만, 개인적으로 나는 그 사상의 근원이 니체 철학인 경우가 많다고 본다. 물론 그 또한 괴테나 쇼펜하우어 등 이전 세대 인물의 영향을 받았지만, 자신의 감정을 직설적으로 속 시원하게 표현함에 있어서는 타의 추종을 불허했기 때문에 한국인의 정서에 잘 맞다. 《인간적인 너무나 인간적인》이라는 책에 한 구절을 보면 그 특유의 도발적인 시선이 엿보인다.

"오늘날에는 왜소한 자들이 주인이 되었다. (중략) 오늘을 지배하는 이 주인들을 극복하라, 아 형제들이여, 이 왜소한 자들을. 그리고 굴종하느니 차라리 절망하라."

본질적으로 인간 영혼의 수준에 위계가 있고 더 높은 유형의 인간이 되어야 한다는 메시지가 강하게 묻어나는 니체의 철학은 내적 성장의 측면에서 더 높은 목표를 설정하는 데 매우 효과적이나 자칫 타인을 경시하거나 계몽 또는 구제 대상으로 인식하여 외부 세계와 멀어지거나 단절될 위험도 있다. 가령 '직장인 = 노예'라는 자조 섞인 도식이 난무하거나 대기업 직원을 '대감집 노비'라고 칭하는 사회 현상처럼 기존의 틀에 반항하지 않고 순응하면 노예라는 식의 잘못된 관념을 심어줄 수 있다. 저항 정신을 바탕으로 자신의 한계를 넘는 도전을 하여 홀로 서라는 구호는 듣기에는 달콤한 말이나 큰 맥락을 모르고 이러한 방식의 삶을 시도하다가 큰 시련을 겪게 될 수도 있는 것이다.

분석 심리학자 아들러는 니체 사상의 영향을 일부 받았음에도 불구하고 저서 《아들러의 인간 이해》 전반에서 이와 같은 반항아 기질을 매우 위험하게 보고 있다는 것을 드러내어 표현한다. 자립은 좋지만, 지나치게 이를 추구하다 보면 공동체와 분리되는 경우가 많다는 것을 매우 위험한 요소로 인식하고 있는 것이다. 한마디로 준비와 실력이 충분히 뒷받침되지 않은 상태에서의 자립은 위험할 수 있다. 설사 충분한 역량이 있더라도 나답게 살기 위해 저항을 하는 과정은 결코 만만한 과정이 아니다.

② 내면의 목소리를 따르라

분석심리학에서 말하는 에난티오드로미아(enantiodromia) 현상은 동양 철학의 '대극의 원리' 또는 사자성어 '물극필반'과 매우 유사한 개념이다. 그리스어로 반대 방향으로 내 달린다는 에난티오드로미아는 양이 극 하면 음이 되고 음이 극 하면 양이 되는 대자연의 법칙이 인간의 삶에도 그대로 녹아 있다고 보는 이론이다. (인간도 자연의 일부이니 지극히 당연하다.) 가령 소설 《달과 6펜스》에 나오는 주인공의 실제 모델이었던 화가 폴 고갱(Paul Gauguin)의 삶을 보면 그 의미를 대략 짐작할 수 있다. 그는 젊은 시절 배를 타는 선원이었고, 이후 잘 나가는 주식 중개인의 삶을 살다가 30대 중반에 그림을 그리고 싶은 열정을 따라 전업 화가가 된다. 이러한 과감한 결정의 이면은 에난티오드로미아가 그 모습을 강하게 드러낸 것이라고 볼 수 있다. 인생의 전반부에 억눌려있던 감성이 터져 나와 정반대의 기운으로 내달리는 것이다.

정도의 차이가 있지만 대부분의 사람들이 살면서 어느 정도는 다 경험하는 현상이며 나이가 들면 남자는 여성호르몬이 강해지고 여성은 그와 반대가 되는 자연의 이치도 비슷한 맥락이다. 이러한 에난티오드로미아를 강하게 경험할 때 무언가에 대한 강한 열정으로 느껴지는 경우가 많기 때문에 그 감정이 직업과 관련될 경우 소명(calling)이나 신의 계시로 오해되기도 한다. 간혹 앞뒤 재지 않고 내면의 목소리를 따르는 경우 패가망신하는 사람들도 적지 않다. 분석심리학의 창시자 카를 융(Carl G. Jung)의 제자였던 가와이 하야오는《카를 융 인간의 이해》라는 책에서 다음과 같이 말한다.

"그들의 페르소나(*성격, 사회적 지위 등) 입장에서는 불가능한 일 같지만(*내면의 마음을 따르는 것이), 그 저항하기 힘든 매력과 압도적인 힘에 밀려서 그것을 따르면 <u>그 결과 어떤 사람은 나락으로 떨어지기도 하고, 또 어떤 사람은 국민적인 영웅이 되기도 한다.</u>"

내면이 인도하는 새로운 꿈을 위해서라면 안정에 머물지 말고 도전해야 하지만, 문제는 흔히 이 과정에서 상상 이상의 고통을 수반한다는 것이다. 결국 일부는 엄청난 성공을 거두기도 하는 반면 나머지는 큰 대가를 치를 수도 있으며 심지어 그 과정을 견디지 못하는 일부는 자살로 내몰리기도 한다. 미국의 기업인 클리퍼드 허드슨(Clifford Hudson)은 그의 저서《리더가 다 잘할 필요는 없다》에서 새로운 무언가가 기회인지 방해물인지 구별하기 위해서는 정신적, 영적으로 끊임없는 단련과 수련이 되어야 한다고 조언한다. 단순히 마음속에 올라오는 열정을 정답이라고 여기면 곤란해질 수도 있다는 뜻이다.

③ 자아실현이 최고의 목표다
전 세계인을 감동시킨 미야자키 하야오 감독의 작품 〈센과 치히로의 행방불명〉을 보면 '이름을 지켜라', '이름을 잊지 마라'는 메시지가 계속 반복된다. 주인공 치히로가 인간 세상에서 동떨어져 고난의 여정이 시작될 때 마녀 유바바는 '센'이라는 이름을 부여하는데, 험난한 모험의 과정에서 본래의 이름인 '치히로'를 끝까지 잃지 않는 것이 함의하는 것은 자아 정체감, 즉 '진짜 나'를 잃지 않음이다. 그리고 모험을 마친 뒤 다시 평범한 일상으로 돌아가는 과정을 통해 주인공은 내적인 성장을 하게 된다. 이처럼 영화나 연극, 동화나 애니메이션 등 작품의 플롯이 고난을 통한 깨달음과 성장을 다루는 경우는 셀 수 없이 많다. 그뿐만 아니라 고전 문학과 동·서양 철학, 심리학에서도 고난과 시행착오를 통한 내적 성장, 그리고 진정한 의미의 자아실현을 은유하는 용어가 많다.

◆ 프리드리히 니체 - 위버멘쉬(초인)

◆ 카를 융 - 개성화 과정

◆ 에리히 프롬 - 개체화 과정

◆ 조지프 캠벨 - 영웅의 여정

◆ 에이브러햄 매슬로 - 욕구 5단계 (피라미드 최상위층에 자아실현)

◆ 장자 - 붕새 (소요유 편)

◆ 헤르만 헤세 - 아브락사스 (새는 알을 깨고 나와야 한다)

◆ 리처드 바크 - 갈매기의 꿈 (비행에 대한 열정에 비유) 등

서양의 경우 중세 시대만 하더라도 아직 '자아'라는 개념이 확고하지 않았다고 한다. 당시 사람들은 원초적인 유대관계로 외부 세상과 강하게 연결되어 있었고 주어진 역할을 통해서 자신을 인식했다. 하지만 근현대 사회에서는 평균적으로 '자아'를 인식하는 수준이 높아졌기 때문에 세상의 속박을 집어던지고 진정한 자아실현을 하라는 메시지가 큰 힘을 얻는다. 하지만 그러한 목표를 달성하는 것도 당연히 공짜로 얻어질 수는 없다. 《자유로부터의 도피》는 독일의 사회심리학자 에리히 프롬(Erich Fromm)이 쓴 책으로 자아실현 이면의 인간 심리가 매우 상세하게 담겨 있다. 책의 한 대목을 주목할 만하다.

"사회에 잘 적응하는 사람은 어떻게 해서든 남들의 기대에 부응하는 사람이 되기 위해 자아를 포기하는 대가를 치르고 있는 것이다. (중략) 반면에 신경증적인 사람은 자아를 지키기 위한 싸움에서 완전히 굴복할 준비가 되어 있지 않은 사람으로 그 특징을 묘사할 수 있다."

자아실현을 위해 끊임없이 싸우는 것과 그냥 포기하고 하는 삶의 장단이 다 표현되어 있다. 자아를 포기하면 사회에 적응은 쉽지만, 남의 삶을 사는 것이나 다름없고, 반대로 자아를 끝까지 수호하려 들면 극심한 스트레스를 감내해야 한다는 것이다. 추가로 레바논의 현인이라 불리는 철학자 칼릴 지브란(Kahlil Gibran)의 《예언자》에 나오는 비유도 한번 살펴보자.

> "자신을 묶은 밧줄을 사랑하면서 숲속의 사슴과 노루를 보며 길을 잃고 떠도는 것들이라고 여기는 저 황소에게는 무어라 할 것인가. 그들도 햇빛 속에 서 있지만 다만 태양을 등지고 서 있는 것이라는 말밖엔."

이 말만 들으면 숲속의 자유를 가진 사슴과 노루와 같은 삶이 멋지다고 느껴질 수 있지만, 사실상 절대다수가 밧줄에 묶인 황소 형태의 삶을 사는 현대 사회에서 이러한 삶을 고집하기란 매우 위험할 수 있다. 많은 자기 계발 서적은 어떤 고난이 오더라도 그 고통을 기쁨으로 승화하라는 식의 메시지를 던지지만, 현실적으로는 그것을 가능케 할 만한 그릇을 가진 사람은 극소수의 사람들이기 때문이다. 자아실현을 위해 도전하는 과정은 독자적 인격이 완성되어가는 과정이기도 하지만, 사회와의 동질감이 적어짐에 따라 심한 분리감을 경험하는 과정이기도 해서 자칫 자아의 파멸이라는 심각한 부작용이 따를 수도 있다는 점을 간과해서는 안 된다.

④ 고난에 맞서서 도전하라(한계를 시험하라)

'나를 죽이지 않는 고통은 나를 더 강하게 한다'는 표현은 누구에게나 익숙할 것이다. 사람은 담금질과 시련을 통해서 단련되고 성장할 수 있다는 뜻으로 자주 쓰이는 동기 부여 문구이지만, 이 또한 부작용이 없는 것은 아니다. 신념이 잘못 빗나가면 지나치게 어두운 안경을 쓰고 세상을 바라보기도 한다. 아돌프 히틀러의 경우가 그렇다. 그도 여러 전쟁을 치르면서 '나름' 많은 스트레스를 받고 있었다는 것은 잘 알려진 사실이고 그런 그를 지탱하게 한 동력은 '나를 죽이지 않는 고통은 나를 더 강하게 한다'는 믿음이었다.

우연의 일치인지는 몰라도 파시즘의 창시자 베니토 무솔리니도 어려움은 나를 더 강하게 한다는 신념을 품고 살았다고 한다. 왜곡된 신념이 얼마나 무서울 수 있는지 보여 준다.

이 세상은 얼핏 무질서의 카오스처럼 보이나 사실상 인과 법칙이 지배하고 있다는 것을 알 정도로 현명한 사람이라면, 빗나간 열정의 결과로 타인에게 고통을 주는 행위가 얼마나 섬뜩한 일인지도 알 것이다. 설사 그것이 앞서 설명한 것과 같이 극단적인 형태로 왜곡된 신념이 아니라 할지라도 역시 치러야 할 대가는 만만치 않다.

미국의 교육학자 하워드 가드너는 그의 책 《열정과 기질》에서 분야를 막론하고 위대한 혁신가들은 위대한 도약을 이루기 전 정신적인 고통과 감정의 추락을 경험한다고 언급했다. 역사상 뛰어난 업적을 남긴 사상가, 예술가, 작가, 혁신가들이 얼마나 많은 정신질환에 시달려야 했는지를 떠올려보면 지급해야 할 대가가 크다는 것을 알 수 있다.

우주는 본질적으로 음과 양의 조화와 전체적인 균형을 이루려고 하는 성질을 가진다. 누군가 자신의 운명을 개척하려고 자신의 한계를 넘어서려는 도전은 자연 법칙의 입장에서는 조화의 에너지를 깨뜨리는 행위이므로 과도기에서 상당한 스트레스와 고난이 수반될 수밖에 없다. 물론 고난은 인간을 성숙시키고 겸허하게 만들지만, 이를 견디지 못하고 중도 탈락하는 사람도 있다는 어두운 측면도 충분히 고려해야 할 부분이다.

⑤ 긍정의 힘을 믿어라

짐 캐리(Jim Carrey) 주연의 영화 〈예스맨〉은 자기계발서를 영화로 옮겨 놓은 듯한 영화다. 영성과 진리 탐구에 많은 관심을 보여온 배우 짐 캐리의 실제 삶과도 밀접하게 맞닿아 있어 더 흥미롭다. 영화 속 주인공은 'NO'라는 말을 입에 달고 사는 매사 부정적인 남자로 등장한다. 늘 안 좋은 일만 벌어지는 인생을 살다 어느 날 친구의 권유로 '인생 역전 프로그램'에 등록하고, 그 후 무슨 일이든 'YES'로 답하라는 강사의 가르침을 실천한다. 초반에는 모든 일에 YES로만 대답하니 실제로 모든 일이 잘 풀리기 시작하지만, 후반부로 가면서 다시 일이 꼬이면서 예스맨으로서의 삶에 의문을 가진다. 그리고 결국 무조건 YES만을 해야 한다는 것도 강박이었음을 깨닫게 되면서 진정한 마음의 행복을 찾게 된다.

긍정적인 생각을 토대로 한 마인드 컨트롤이 좋다고 널리 알려져 있지만, 여기도 부작용의 소지가 있음을 영화가 정확히 묘사하고 있다. 뉴욕대학교 가브리엘 오팅겐(Gabriele Oettingen) 교수의 연구에 따르면, 무조건 긍정적인 생각을 하는 훈련이 초기에는 효과가 있는 듯 보일 수 있으나, 이것이 우리 두뇌에 긴장을 해소해 버리고 무언가를 열심히 하지 않고서도 열심히 했다는 잘못된 시그널을 줄 수 있다고 지적한다. 가령 당장 상황이 너무 암울한데도 무턱대고 긍정하는 것은 망상장애에 가깝다. 망상적 긍정과 현실적 긍정을 잘 구분하고 균형을 맞추는 것이 중요하다.

⑥ 창의력이 높으면 무조건 좋다?

미국의 코미디언 조 로건(Joe Rogan)은 자신의 팟캐스트에 출연한 일론 머스크에게 이런 질문을 던졌다. "만약 일론 머스크 같은 수준의 천재가 동시에 100만 명 정도 세상에 존재한다면 어떨까?" 이에 일론은 잠시 생각하더니 "우선 급격한 기술적 진보는 당연히 진행될 것이다."라고 답했다. 그리고 몇 초간 잠시 침묵을 지키며 생각하더니 뱉은 말이 의미심장했다. "I don't think you'd necessarily want to be me." (근데 별로 나 같은 사람이 되고 싶지는 않을 거야.) 조 로건이 왜냐고 묻자, 일론은 "스위치를 끄기가 너무 힘들다."라고 답했다. 즉 그는 Constant stream of ideas(끊임없이 꼬리에 꼬리를 무는 생각들) 때문에 힘들다고 토로한 것이다.

또 다른 예로 그의 일대기를 다룬 책《Elon Musk》를 보더라도 일론은 인공지능이 인류의 지능을 뛰어넘는 Singularity(특이점)가 너무 걱정돼서 이를 고민하느라 매일 밤 불면증에 시달린다는 내용이 나온다. 그만큼 창의력이 매우 높은 사람들은 생각이 많을 수밖에 없고, 이는 일반인이 상상할 수 없는 극도의 무게와 스트레스를 감당하며 사는 힘든 인생이라는 것이다.

작가나 예술가 등 심리적인 고찰과 창작을 기반으로 하는 직업을 가진 사람들도 일반인보다 우울증이나 신경증, 조현병, 조울증, 양극성 장애 등 정서장애를 가질 확률이 높다고 알려져 있다. 정신의

학자 낸시 앤드레어슨(Nancy Andreasen)이 예술가들과 일반인을 비교하여 창의성과 정서장애의 연관 관계를 연구한 보고서에서 예술가들의 취약성이 훨씬 더 높음을 확인하고 "There appears to be a strong association between creativity and mood disorders."(창의성과 정서 장애는 상당한 연관이 있는 것으로 보인다.)라는 조건부 결론을 내린 바 있다.

심리학자 아놀드 루드비히(Arnold Ludwig) 또한 18개의 직업군의 저명 인사 1,000명을 대상으로 Predisposition to mental disturbance (심리장애의 소인)을 조사한 결과 시인, 소설가, 화가, 작곡가 등 창작 활동을 직업으로 하는 사람에게서 심한 우울증을 겪은 경험이 있을 확률이 크게 더 높은 것으로 조사되었다. 창의성과 정서장애가 직접적인 연관이 있다는 증거는 없지만, 적어도 통계상으로는 유의미한 연관성을 보인다. 창의성이 높은 것도 무조건 좋다기보다는 조심해야 할 측면이 없지 않다는 뜻이다.

⑦ 부와 성공, 무엇이든 이루어진다

호주 출신의 작가 론다 번(Rhonda Byrne)의 《더 시크릿》이라는 책과 그 후속작들이 전 세계적으로 유행하면서 '끌어당김의 법칙(law of attraction)'은 동기 부여와 자기 계발 영역에서 폭발적인 관심과 주목을 받았다. 무엇이든 간절히 원하고 기도하면 우주가 이루어 준다는 프레임은 부와 성공을 원하는 많은 사람의 귀를 솔깃하게 했다.

하지만 사회적으로 성공한 누군가를 보며 우상화하고 그 사람이 하는 모든 방법과 노하우를 따라 하는 것이 나에게 맞는지는 별개의 문제이다. 대중들이 성공한 사람을 보며 그 노하우를 듣고자 열광하는 모습을 관찰해 보면 전형적인 Post hoc fallacy(인과 설정의 오류) 기반의 사고라는 것을 엿볼 수 있다. 가령 누군가 A라는 방법으로 B라는 결과를 얻었으니 나도 유사한 결과를 얻기를 기대하며 A를 따라 하는 것이다. 하지만 아무리 뛰어난 테니스 선수라 하더라도 배드민턴 채로 테니스를 치려면 안 되는 것이듯 자기한테 맞지 않는 방법은 오히려 독이 되는 경우도 많다. 특정 방편이 정답이라고 믿고 했는데 아무리 해도 유의미한 결과가 나오지 않으면 본인에게 문제가 있다고 생각해서 자신감을 잃는 경우가 많기 때문이다.

자기 계발 이론을 본인의 삶에 적용해도 맘처럼 잘 안 되는 이유는 기본적으로 각자의 카르마를 바탕으로 운명이 설계가 되어 있어 이를 바꾸려고 기를 쓴다고 쉽게 바뀌지 않기 때문이다. 타인의 성공을 보며 자신을 바꾸려는 노력을 너무 애쓰면서 하는 것보다 좀 더 느긋하게 본인의 내재된 장점에 집중하는 것이 더 빠른 길일 수 있다.

결국 균형이 답이다

　자기 계발이나 자아실현을 위한 욕구가 자신의 한계를 뛰어넘고 인류 진보를 크게 앞당기는 역할을 한 것은 부정할 수 없다. 하지만 이것이 무의미한 따라 하기 또는 완벽주의나 강박으로 이어지는 경우가 매우 흔하며 특히 이상이 높은 사람의 경우 특정 목표를 달성하지 못했을 때 차선책은 아예 옵션으로 두지 않는 경우는 더욱 위험하다. 세상이 점점 혼자만의 시간을 강조하면서 자발적 독립만이 온전한 자유라고 말하는 것도 또 다른 형태의 세뇌가 될 수 있다는 점에서 주의가 필요한 부분이다. 역시 답은 밸런스다. 심리학자 카를 융이 책 《현대의 신화》에서 남긴 글을 보면 꽤 균형감 있는 의견을 제시한다.

> "자기실현 또는 개성화는 일차적으로 집단정신과의 동일시에서 자신을 구분하는 것, 즉 페르소나와 구별하는 것이지만 남과 다른 독특한 사람이 되는 것이 아니라 남과 다르면서도 인간성의 바탕을 공유하는 사람이 되는 것이다."

　미국의 공자라고 불리는 사상가 랄프 왈도 에머슨(Ralph Waldo Emerson)도 균형과 조율 정신을 강조했는데 국내 에머슨 연구의 일인자 서동석 박사의 《에머슨 인생학》이라는 책의 한 구절도 비슷한 맥락을 전하고 있다.

"분명한 것은 에머슨의 중심 사상이 자립 사상이라는 것이다. 그러나 그의 자립은 세상을 등진 자립이 아니라, 세상 속의 자립이다. (중략) 자립은 혼자가 아닌 관계 속에서 홀로 서야 하는 삶의 모순 속에 있다."

카를 융과 에머슨이라는 두 현인 모두 집단에서 구별되어야 하지만, 그에 따라 독단적인 태도를 가질 것이 아니라 넉넉한 인격으로 포용할 것을 이야기한다. 물론 말이 쉽지, 현실적으로는 그 스윗 스팟(Sweet spot: 최적의 밸런스)을 찾고 유지하는 것이 매우 어려운 이야기이지만, 적어도 이론적으로는 이러한 균형을 잘 맞추는 것이 가장 현명한 판단이라는 것이 확실한 듯 보인다.

2-4. 수평적 문화의 허와 실

  국내 조직 문화에 관해 자료조사를 하다 보면 수평적인 문화에 대한 잘못된 인식을 가지고 무조건 따라 하기식의 경영을 하는 기업도 더러 있는 것이 보인다. 가령 업무의 성격이나 연차에 상관없이 무조건 똑같은 업무 평가 방식을 적용하거나, 조직의 특성을 잘 따져보지 않고 Open plan office(칸막이 없는 사무실)로 전향을 하는 식이다.

  2019년 직장 내 괴롭힘 방지법이 시행된 뒤 수평적 조직 문화에 대한 평균적인 민감도는 더욱 올라갔지만, 세상 모든 일이 그렇듯 긍정적인 부분이 있다면 부정적 요소가 공존하기 마련이다. 가령 부하 갑질이라는 용어가 대두되면서 직장 상사들의 고충도 커지고 있는 것이 부작용의 예라고 할 수 있다. 사실 수평적 조직 문화의 본질은 Hierarchy of Ideas(아이디어의 계급)를 없애서 쓸데없는 에너지 낭비를 하지 말자는 것이지, 천편일률적인 문화나 기본예절이 갖춰지지 않는 분위기를 조성하자는 것과는 거리가 멀다. 이와 관련

하여 대표적인 세 가지 주제와 항목별 허와 실을 이야기해 보고자
한다.

① 동일한 업무 평가 방식

수평 구조라는 명분으로 연차에 상관없이 동일한 업무 평가 방식
을 적용한다면 오히려 역효과가 날 수도 있다. 일부 세일즈 직군의
경우 이러한 방식이 맞을 수도 있으나 그 외 일반 사무직이나 연구
직의 경우 1년 차와 10년 차에 똑같은 평가 기준이 적용된다는 것은
비합리적일 가능성이 크다. 직무 특성에 따라 적절한 평가 방식이
적용되어야지 일률적인 평등은 오히려 리스크가 될 수 있는 것이다.
연차에 따른 '층위'의 개념이 약해질 때 대표적으로 많이 드러나는
문제점이 무관심 또는 멘토십(mentorship)의 부재이다. 상급자가 하
급자에게 멘토가 될 필요성을 잘 느끼지 못하거나 오히려 경쟁의식
을 비교적 더 많이 느낌으로 해서 적극적인 정보 및 노하우 공유를
꺼리는 것이다. 그래서 실제로 수평적 조직의 형태로 바꾸었다가 수
개월 내로 원상태로 돌아가는 기업들이 부지기수라고 한다.

그뿐만 아니라 '진급'과 '급여 인상'을 Cost(비용)라고 인식하고 이
것을 아끼기 위해 수평 구조라는 것을 악용하는 일부 기업도 나타나
는 현상도 있다. 더 나은 환경을 조성하기 위해서 조직의 특성과 상
황을 잘 고려한 세심한 판단을 할 줄 아는 것이 중요하지, 무조건 수
평적인 것이 좋고 수직적인 것은 나쁜 것이라는 고정관념은(if
any) 수정할 필요가 있다고 보인다.

② 칸막이 없는 사무실

Open plan office(칸막이 없는 사무실)는 불과 몇 년 전까지만 하더라도 세계적인 유행이었다. 하지만 이 또한 최근에는 다시 원상태로 되돌아가는 기업들이 많다고 한다. 장점보다는 오히려 단점이 더 많다고 지적하는 전문가들이 늘어나고 있기 때문이다.

한 연구에 따르면 'Open plan office'에서 근무하는 직장인들의 38%가 지속적인 집중력 방해를 경험한다고 답했다. 그뿐만 아니라 직원들 간에 자유로운 대화가 가능하도록 한다는 본래의 취지도 무색한데, 하버드대학이 글로벌 기업들을 대상으로 실시한 조사에 따르면 오픈된 사무 환경에서 직원들 간에 Face to Face(대면) 대화는 70% 정도 감소하였다. 하지만 거꾸로 커뮤니케이션 수단으로 이메일을 이용하는 빈도가 약 56% 더 늘어났다고 한다. 물론 경영 컨설턴트들도 먹고살기 위해서 끊임없이 새로운 방식을 제안해야 하는 현실이겠지만, 무엇이든지 천편일률적으로 좋은 것은 없다는 것이다.

그렇다면 과연 최적의 오피스 환경이라는 것이 존재할까? 독일의 프라운호퍼 연구소에서는 1996년부터 지금까지 업무 만족도와 오피스 환경에 관한 연구를 해왔다. 수십 년에 걸친 장기 프로젝트에서 그들이 밝혀낸 결과는 결국 투자(돈)와 깊은 관련이 있다. 해당 연구에 따르면 동료들에게 자기 모습을 보일 수도 있고, 반대로 보이지 않게 차단을 할 수도 있는 두 가지 옵션을 본인이 원하는 대로 마음대로 선택할 수 있을 때 근무 만족도와 효율성이 가장 높았다고 한다. 어찌 보면 당연한 소리이기도 하고 또 이러한 환경을 조성하기 위해서는 더 많은 돈이 들어갈 것이 자명하므로 그런 여력이나 여유가 없는 많은 경영자들에게 그다지 유의미한 소식은 아닌 것 같다.

③ 존댓말 없애기/평어 사용

아마도 이 항목은 한국에서만 해당하는 주제이지 싶다. 물론 일률적으로 평어를 쓰는 조직의 장점도 있는데 우선 수평적인 문화를 지향하는 회사의 의지와 노력을 보여 주는 상징적인 의미가 크며, 또 어느 정도 대화를 유연하게 해주는 효과도 분명히 있을 것이다.

하지만 이 방법 역시 시도했다가 실패하고 원래대로 돌아가는 회사가 많다고 한다. 앞서 잠깐 언급했듯이 커뮤니케이션 구조를 래터럴(횡적) 하게 하는 것과 존댓말을 없애는 것이 같은 개념이 아닌데 이를 동일시하는 것은 오해이다. 정작 실질적인 의사 결정 구조는 기존의 보수적인 회사들과 다를 것이 하나도 없고 평어만 쓰는 것은 도랑 치고 가재 잡는 격이 될 수 있기 때문이다. 혹은 직장 상사를 영어 닉네임으로 부르고 평어를 쓰는데 정작 며칠 연달아 연차를 쓰는 것이나 칼퇴근하는 것을 눈치 본다면 그야말로 우스꽝스러운 일이 아닐 수 없다. 세련된 문화인 것 같아서 따라 하기는 하는데 정작 구성원들의 마인드가 따라와 주지 못하면 어정쩡한 상황을 벗어나지 못하고 맴도는 것이다. 포인트는 상대방을 존중하는 마인드와 커뮤니케이션 구조의 유연함이지 보이는 곳에서 억지로 눈높이를 맞추려는 시도는 부족한 감이 없지 않아 있는 것 같다.

독일 최고의 응용수학자로 불리는 동시에 IBM 최고기술경영자를 역임했던 군터 듀크(Gunter Dueck) 교수는 그의 저서 《왜 우리는 집단에서 바보가 되었는가》에서 집단과 조직의 문제를 지적하며 어떻게 잃어버린 지성을 회복할 것인지를 말한다. 그의 논리에 따르면 결국 진화와 진보의 방향성을 가진 또래 압력(Peer pressure)이 핵심 역할을 한다. 대략 2/3 이상의 조직(사회) 구성원이 경쟁과 자극에 대한 대화를 스스럼없이 주고받는 분위기가 되어야 진정한 의미에서의 상향평준화가 가능해진다는 것이다. 물론 건설적인 의미에서의 토론과 의견 교환과 매사에 불평불만인 것은 다르므로 이는 확실히 구분 지어야 할 것이지만, 반대 의견을 자연스럽게 받아들이는 분위기와 자유롭게 토론이 가능한 문화를 만드는 것은 그만큼 유용하다.

'수직적 관념'을 버리는 것이 먼저다

카리스마의 어원은 기독교 용어로 기도로 병을 치유하는 힐링 능력이 있는 사람들을 뜻하는 말이었다고 한다. 이것이 현대 한국 사회에서는 외적으로 기가 세 보이는 사람을 카리스마가 있다고 오해되어 쓰이고 있고, 이러한 잘못된 문화의 근저에는 유해한 남성성(Toxic Masculinity)이 자리 잡고 있다.

유해한 남성성이란 남성적 사고방식이 어긋난 방식으로 고착화된 경우를 말한다. 우리 일상 생활에서 흔히 볼 수 있는 예로는 쓸

데없는 방식으로 강한 척을 하는 것을 카리스마가 있다거나 기 싸움에서 이겼다고 인식하는 유아적인 사고방식 등이다. 가령 목소리 크고, 상대방과의 눈싸움에서 지지 않고, 악수할 때 손을 더 세게 잡는 등의 행동이 기 싸움에서 이기는 것이라 착각하는 사람들이 더러 있는데 이러한 사람들은 기 싸움에 대한 관념 자체가 아직 원시적인 수준에 머물러 있는 것이다. 오히려 현대 글로벌 비즈니스 영역에서는 세련된 에티켓을 더 중시한다. 가령 아이 컨택의 경우 서구권에서는 흔히 3, 5, 8 법칙과 5070 법칙이 가장 정석으로 인식된다. 전자는 3초는 너무 무성의해 보일 수 있고, 8초는 너무 공격적으로 보일 수 있으니 5초 정도 눈을 응시하고 시선 처리를 계속 움직여 주는 예절이며, 5070 법칙의 경우 전체 대화 중 50~70% 정도 상대방의 눈을 맞추는 것이 적당하다는 법칙이다.

악수도 마찬가지다. 너무 꽉 잡는 것이 누가 리더인지 보여주려는 의도로 더 세게 잡아야 한다는 유치한 옛날 방식보다 상호 간에 적당함이 가장 좋다는 것이 기본이다.

카리스마는 억지로 강한 척하거나 높은 위치에서 군림한다고 저절로 나오는 것이 아니다. 내면의 단단함을 기반으로 조화와 균형을 우선시할 때 나오는 오묘한 에너지다. 이러한 제대로 된 인식이 널리 퍼진 문화가 된다면 애당초 억지로 수평적이려고 노력할 필요가 있을까 싶다.

2-5. 워런 버핏이 여전히 껌과 콜라에 투자하는 이유

투자의 신이라 불리는 워런 버핏은 어린 시절 껌과 콜라를 팔면서 용돈을 벌었다고 한다. 그랬던 그가 대부호가 된 후에도 여전히 빼놓지 않고 장기 투자하는 종목이 껌과 콜라라는 것은 잘 알려진 사실이다. 이처럼 세상이 아무리 급변해도 변하지 않는 것을 빼놓지 않고 주목한다는 것이 그의 투자 철학 중 하나이다.

그러고 보면 흔히 요즘 시대는 기술 진보가 급격하고 하루아침에 세상이 바뀐다는 말을 참 많이 한다. 물론 청동기 시대나 철기 시대를 기준으로 하면 산업 혁명 이후로 폭발적인 발전을 한 것은 사실이지만, 이 또한 상대적인 것일 뿐 미래의 사람들은 지금의 기술 발전 속도를 느린 것으로 볼지도 모를 일이다.

빠르게 변하는 분야를 나열하면 수도 없겠지만, 전혀 변화가 없는 부분도 나열하면 수도 없다는 것을 대부분의 사람은 간과하고 산다. 가령 어떤 직장인이 비행기 이코노미석을 이용해 도쿄에서 런던으로 출장을 간다면 12시간가량, 그 좁은 좌석에 쭈그려 앉아 있어야 하는 것은 1960년대나 현재나 다를 바 없다. 물론 영화 등 볼거리가 좀 늘어나고 제공되는 기내식의 질이 조금 나아졌을 뿐 12시간 동안 좁은 좌석에서 고통받아야 하는 펀더멘털에는 아무런 변화가 없다는 것이다. 아니, 어쩌면 상황은 오히려 더 나빠졌다. 미국 질병통제예방센터(CDC)에 따르면 현재 미국인의 평균 체중은 1960년대보다 약 13.6kg 정도 증가했지만, 같은 기간 비행기 좌석의 폭은 47cm에서 43.2cm로 오히려 좁아졌다. 앞뒤 좌석 간 평균 거리도 89cm에서 78.7cm로 줄었다고 한다. 불편함이 더 증가했다는 의미다.

그리고 하루가 다르다는 표현이 나올 정도로 기술이 그렇게 빨리 발전한다면 1960년대에 12시간이 걸린 비행시간이 현재는 아무리 못해도 6시간 정도는 걸려야 하는 것 아닌가? 혹자는 기술적으로는 가능하지만, 경제성이 없어서 안 하는 것뿐이라고 할 수도 있다. 하지만 결국 그 말이 기술이 부족하다는 의미다. 경제성이 없는 것을 있도록 하는 것이 기술적 진보이기 때문이다. 이처럼 특정한 잣대를 가져다 대면 우리는 아주 느린 변화 속에 살고 있기도 하다.

세상이 그리 빨리 변하는 게 맞는가?

세상은 구글 알고리즘을 극찬한다. "구글의 힘은 대단하다, 구글은 너무 똑똑하다, 우리보다 우리를 잘 안다." 등의 소리가 끊임없이 들린다. 하지만 조금만 살펴보면 빈틈이 보인다. 내가 필리핀 마닐라로 출장을 갔을 때 유튜브 영상을 틀면 지속적으로 현지 언어인 타갈로그로 광고가 나오는 것을 보고 그러한 것을 느꼈다. 10년 이상 구글과 유튜브를 써왔던 나의 계정을 제대로 파악한다면 한국어와 영어, 두 가지 언어만 쓰는 사람이라는 것을 쉽게 알 수도 있을 것이다. 하지만 단지 며칠 동안 나에게 타갈로그어로 된 광고를 계속 피딩(feeding)하는 것은 그다지 스마트하다고 보기 힘들다. 어쩌면 빠르게 변화하는 것에만 시선이 집중되고 있는 것은 아닌가 의문을 가져 봄 직하다.

대략 2010년대 초중반 이후부터 변화에 적응하지 못했다는 불명예를 뒤집어쓴 채 책이나 미디어, 강연, 각종 자료에 수도 없이 등장했던 두 기업은 '코닥'과 '노키아'다. 주요 수입원이던 필름 사업을 수성하기 위해 디지털 카메라를 외면한 코닥과 시장의 변화에 둔감해서 스마트폰을 경시했던 노키아의 몰락을 누구나 한 번쯤은 들어 보았을 것이다. 관성을 깨지 못하면 망한다는 말도 귀에 못이 박히도록 들었다. 하지만 가만히 생각해 보면 1886년 존 펨버튼(John Pemberton)이 개발한 코카콜라는 여전히 세계 음료 부동의 1위를 수성하고 전 세계 음료 시장을 지배하고 있다. 1955년 세상의 빛을 본 타이레놀은 진통제의 대명사가 되었고 현재 전 세계적으로 200개가 넘는 진통제 브랜드 가운데 여전히 부동의 1위를 지키고 있다. 우리 역사에 빗대어 보면 조선 시대에 개발된 음료와 한국 전쟁이 끝나고 얼마 후 나온 약의 아성을 여전히 넘어서지 못하고 있다는 뜻이다.

온 세상이 떠들어대는 세상이 급변한다는 말에 잠시 고개가 갸우뚱해진다. 물론 큰 틀에서 보자면 세상이 무섭게 변하는 것은 틀림이 없는 듯 보이지만, 한 가지 확실한 것은 초등학생도 할 수 있는 소리에 더 이상 신선함을 느낄 수는 없다는 점이다. 급변하는 세상에서 변하지 않는 것도 주목한다는 워런 버핏의 마인드를 내가 눈여겨본 이유다.

CHAPTER
3

가치의 확장

3-1. 마인드 트렌드: 가치의 확장

　바야흐로 가치의 확장(expanding values)과 문화 지능(cultural intelligence)이 가장 중요한 가치로 대두되고 있는 시대이다. 메타(facebook)가 발간한 글로벌 트렌드에도 이러한 가치가 첫 번째로 나와 있음이 이를 증명한다. 문화 지능은 단순히 다른 문화에 호의적인 정도만을 뜻하는 것이 아니라 본질적으로 다른 가치를 포용성 있게 받아들이는 능력을 말한다. 이 지능이 높은 사람은 다양한 의견을 가진 사람들과 교류할 때 주로 상대주의적인 입장을 취하며, 흑백논리나 이분법적 사고방식을 지양하는 경향을 보인다. 누군가에게 뭔가를 지적해야 할 상황에서도 포인트만을 적절한 수준으로 짚어내는 능력이 탁월하다. 당연히 이러한 사고 패턴을 가진 사람의 비율이 많은 조직이나 사회는 양극화나 갈등의 수준이 비교적 낮으며, 이는 자연스레 조율과 타협을 중시하는 성숙한 문화로 이어진다.

타협의 문화

호주의 경우 전쟁이 아니라 영국으로부터 자치권을 부여받아 비교적 원만한 절차를 통해 나라를 만들어 왔다. 그래서 그런지 정치권을 보더라도 너무 심하다 싶은 정도로 싸우는 경우를 보기 힘들다. 물론 정치의 특성상 여야가 갑론을박을 벌이는 것은 당연하지만, 극단적인 형태(i.e. 한국이나 미국 같은)의 갈등이 거의 없으며 국민들 또한 크게 동요되거나 휩쓸리는 것 없이 대부분 유동적이거나 약간 이쪽, 약간 저쪽의 성향을 띠는 것이 일반적이다.

이런 것이 국가의 중요한 정책을 처리할 때 '단합'이라는 모습으로 드러나는데, 가령 1996년 총기 난사 사건이 일어났을 때를 예로 들 수 있다. 당시 호주 총리는 미국의 전철을 밟지 않겠다 다짐하여 총기 사용과 소유를 억제하고 대대적인 총기 반납 및 압수 프로젝트를 진행하였고, 이때 호주 정치권은 양쪽으로 갈리지 않고 여야가 합심하여 대부분의 총기(약 60만 정)를 회수하였다. 그 이후 총기 관련 사망과 자살이 급격히 줄어들었음은 자명하다. 중국과의 외교 전쟁 시에도 여야가 거의 한 목소리를 내면서 이성적인 사고를 통한 단합이 가능한 사회라는 것을 보여 주었다.

그뿐만 아니라 아주 민감한 사안을 두고 타협했던 역사도 있다. 과거 호주의 수도(capital)를 선정하는 데 있어서 가장 큰 두 도시인 시드니와 멜버른 양쪽 진영이 서로 조금씩 양보하여 새로운 대안을 만들었고 그것이 현재 호주의 수도 캔버라이다. 이처럼 매우 중차대한 국가적 사안에 대해서는 소위 '반대를 위한 반대'보다는 공동의 이익과 타협을 중요시하는데, 이는 가치의 확장이라는 개념이 비교적 잘 자리 잡은 문명의 특성 중 하나이기도 하다.

'절대적'으로 우월한 가치는 없다

물론 세상에 완벽한 나라는 없고 서구권 선진국에도 그들만의 편견과 아집은 분명히 존재한다. 몇 년 전 영국 런던에서 테러가 일어났고 이때 2명의 호주인이 사망했던 일을 예로 들어볼 수 있다. 그 일이 있은 며칠 후 호주 에델레이드에서 사우디와 호주 간 축구 국가대표 경기가 열렸고, 이날 경기장에서는 'a minute of silence'라고 불리는 행사, 즉 일분간 묵념하는 시간을 갖기로 했다. 경기 시작 전 행사는 예정대로 진행이 되었는데 문제가 된 부분은 사우디 선수들이 묵념에 동참하지 않고 필드에서 스트레칭을 하고 있었던 장면이다. 이에 호주 관중들과 언론은 사우디 선수들을 일제히 비난했다. 어떻게 저렇게 예의가 없냐며 그들을 미개인 취급했고, 또 호주 축구협회도 경기 후 있을 수 없는 일이라며 FIFA에 공식 컴플레인을 걸었다. 그러나 알고 보니 사우디 선수들은 경기 시작 전 해당 행사를 무시하는 것이 아니라, 묵념하는 전통은 사우디의 문화와는 맞지 않으므로 동참할 수 없다고 미리 주최 측에 양해를 구했던 것으로 드러났다. 결국 FIFA는 어떠한 제재를 가할만한 합당한 근거가 없다고 밝히며 사우디 대표팀의 편을 들어 주었다. 하지만 이러한 사실이 드러난 뒤에도 호주 언론은 비방을 멈추지 않았다.

여기서 그들이 외치는 단어 Disrespectful, 즉 도저히 용납이 안 되는 무례한 행동의 본질을 한번 따져볼 필요가 있다. 과연 1분간 묵념하는 행위가 절대적인 '리스펙'의 기준일까? 그 전통(행위)의 본질을 굳이 따져 들자면 역사 속의 인물 누군가가 1분간 고개를 숙이고 눈을 감는 것이 고인에 대한 예를 갖추는 것이라고 '규칙'을 정하고 사회적으로 합의를 한 것에 지나지 않는다.

이러한 맥락에서 보자면 해당 문화권에서의 '규범'을 절대적인 '인간의 도리'와 동일선상에 놓는 오류를 범한 것이다. 이는 '비교적' 더 선진화된 문명권에서 실망스럽게도 낮은 문화 지능을 보여준 사례이다. 이처럼 어떤 가치가 절대적으로 우월하다는 입장을 가지면 다른 가치를 가진 사람을 자동적으로 미개하거나 틀렸다고 생각하기 쉬우므로 주의할 필요가 있다. 일반적으로 앞선 문명이 절대적 보편성을 가진 기준이 된다는 뜻으로 해석되어서는 안 되며 결국 확장된 가치와 높은 문화 지능은 포용이나 타협의 정신과 매우 밀접한 연관이 있다.

3-2. 'K-POP'은 한국 문화인가
서양 문화인가?

　White Supremacy(백인 우월주의)란 백인이 다른 인종보다 선천적으로 우월함을 타고났다는 관념이다. 그리고 여전히 상당수의 백인은 Western Civilisation(서양 문명)이 세상에 주는 선물이었고, 지금도 그렇다고 생각한다. 사실 서구 유럽 사회가 앞선 과학 기술과 이성적 철학 논리를 기반으로 인류 문명의 진보에 크게 기여한 것은 사실이다. 하지만 과연 어디까지를 그들의 문명으로 봐야 하는지는 끊임없는 논란인데, 가령 좀 시니컬한 성격의 서양인들과 대화하다 보면 이런 논리를 가진 사람들이 있다.

◆ 삼성의 핸드폰도 그 기술이 어디서 출발한 것인가?

◆ K-POP이 진짜 한국의 음악이 맞나? 결국 뿌리는 서양음악 아닌가?

◆ 일본의 스시는 그냥 생선을 날로 먹는 건데 어떻게 이게 문화인가?

이런 식이면 끝도 없다. 이 사고방식을 그대로 적용하면 역사상 존재했던 모든 한국 영화도 결국 서양 영화로 귀결되는 마법의 논리다. 매우 드물긴 하지만 이런 식의 논리를 대놓고 말하는 사람들이 실제로 간혹 있고, 겉으로 드러내지 않지만 속으로 이런 생각을 하는 사람의 비율은 더 높을 것이다. 물론 이는 무지에서 비롯된 착각이다. 가령 한국의 문화가 큰 성공을 거둘 수 있었던 주요인은 글로벌 스탠다드에 맞는 세련된 하나의 영역을 창조했기 때문이다. 많은 시행착오를 겪으면서 동서양을 아우르는 보편적이면서도 독특한 문화를 구축하여 세계 시장에서도 인정을 받은 것이다.

문화는 명확한 경계를 가진 동질적인 실체가 아니다. 다양한 시공간에서 얽히고설켜 서로를 토대 삼아 발전된 문화를 특정 잣대로 경계를 구분하고 평가한다는 것은 시대에 뒤떨어진 마인드가 아닐 수 없다.

문화의 경계와 우월성

서구 사회가 진보의 선두를 자임하면서 다른 문화를 열등한 것으로 인지해온 것은 하루이틀 일은 아니다. 소설 《정글북》의 저자이자 영국 최초의 노벨문학상 수상자인 러디어드 키플링(Rudyard Kipling)은 〈The white man's burden(백인의 책무)〉라는 기고문을 통해 백인 국가들의 제국주의에 심리적 정당성을 부여하는 큰 역할을 했다. 하지만 미개한 사람들을 깨우쳐야 하는 것이 백인의 운명이라는 교만이나 유색인종을 "반은 악마이고 반은 아이(half devil and half child)"라고 표현하는 무지함은 노벨문학상의 권위를 의심케 하기 충분하다.

그런데 마냥 서양의 잘못된 인식을 비난하고 있을 처지는 아니다. 근 10여 년간 한국의 문화가 전 세계적으로 주목을 받으면서 국내에서도 문화적 우월감이 높아지고 있는 상황인데 자문화를 지나치게 우월하게 인식하는 것의 부작용을 상기해 볼 만하다. 더구나 유엔경제사회이사회 보고서에서 한국 사회의 다문화 수용 정도가 낮아서 우려스럽다는 지적을 받은 것은 가볍게 여길 문제가 아니다.

결국 한 나라의 우수성은 수준 높은 정신과 문화를 바탕으로 포용과 균형을 잘 유지하는 것에서 드러난다는 것을 기억할 필요가 있다. 그 어떤 문화나 전통도 절대적으로 우월한 것은 없고, 또 모든 문화는 서로를 토대 삼아서 함께 발전해 나가기 때문에 완벽한 경계선을 그을 수도 없기 때문이다.

'외국'이라는 개념의 동질화

'외국'이라는 단어 자체에도 잘못된 이미지가 덧씌워질 수 있다는 점은 내가 주목하는 우리 사회의 흥미로운 현상이다. 가령 현재 대표적으로 흔하게 접할 수 있는 편견 중 두 가지 주제만 다뤄 보자면 아래와 같다.

- ◆ 외국은 의료 시스템이 좋지 않다. (또는 터무니없이 비싸다.)
- ◆ 외국은 치안이 좋지 않다.

우리 기준에서 '외국'이란 한국을 제외한 수백 개의 국가를 의미한다. 외국은 '어떠할 것'이라는 전제는 일단 말이 안 되지만, 꽤 많은 한국인의 머릿속에 이런 이미지가 각인되어 있다는 것이 흔히 발견된다. 자아 중심적 렌즈를 통해 세상을 바라보면 이와 같이 본질적으로 매우 광범위한 사안조차도 획일적으로 바라보게 될 수 있다. 마치 서울 시민들이 서울 이외의 지역을 '지방'이라고 뭉뚱그려 표현함으로써 무의식 중에 각각의 고유성과 개별성을 무시하는 세계관과 흡사하다. 첫 번째 항목인 의료 수준을 논하자면 무엇보다도 어떤 국가, 도시인지 또는 본인이 어떠한 '상황'에 놓여 있느냐 등에 따라서 천차만별의 경험을 하게 된다. 가령 아래 두 가지 상황을 가정해 보자.

상황 A) 프랑스어를 잘하지 못하는 한국인이 파리 여행(or 유학) 도중 아파서 병원에 갔다.

상황 B) 덴마크에서 나고 자란 한국계 덴마크인이 아파서 평소에 가던 병원에 갔다.

참고로 덴마크는 한 연구 기관의 조사에서 한국과 유사한 수준으로 의료 시스템이 잘 갖추어진 국가라는 평을 받은 나라다. 이 두 상황에서 각각의 경험을 하는 사람은 엄청난 차이를 느낄 것임이 틀림없다. 한마디로 '한국 vs 외국'의 렌즈로 세상을 바라보는 것은 매우 협소한 시각이라는 뜻이다. 그래도 '굳이' 그러한 발상으로 비교하고 싶다면 한국에 거주 중인 외국인들의 이야기와 그들의 경험을 들어 봐야 그나마 적절한 비교가 될 것이다.

왜 이러한 편견이 생겼을까?

내 개인적인(주관적) 분석에 의하면, 외국의 의료 시스템이 불편하다는 인식이 대중적으로 널리 퍼지게 된 계기는 크게 세 가지가 있다.

첫 번째는 2000년대 이후 급격히 증가한 유학생(어학연수 포함) 및 워홀러들의 해외 경험 후 대거 귀국과 큰 연관이 있다고 보인다. 가령 호주 워킹홀리데이가 최고의 인기를 구가하던 시절(2007~2015)에는 해당 비자 카테고리에서만 연간 3~4만 명 이상의 한국인이 호주로 떠났으니 실로 어마어마한 수치다. 엄청난 수의 한국인이 해외에서 가장 취약한(일반적으로) 계층에 속해서 비교적 짧은 해외 경험을 하고 귀국했기 때문에 '특정 패턴'의 오해와 편견이 담긴 글들이 온라인상에 넘쳐나기 시작했다(의료 시스템에 관한 부분은 그중 하나에 불과하다). 비단 호주뿐만이 아니라 세계 각국에서 유학, 워홀, 어학연수, 배낭여행, 출장, 한 달 살기, 해외 취업, 주재원 파견 등 다양한 경험을 한 많은 사람이 각자의 경험을 쏟아내기 시작하면서 지나친 일반화와 몰이해가 넘쳐나는 온라인 환경이 조성되었다. 하지만 많은 국가에서 의료 시스템은 자국민이나 영주권자 이상에게 특혜가 주어지므로 임시 거주자들의 경우 해당 국가에서 제공되는 완전한 의료 혜택을 경험하지 못하는 경우가 대부분이라는 점은 쉽게 간과된다.

두 번째는 한국 교민이 특정 국가에 편중되어 있는 점이다. 2019년 외교부 통계에 따르면 전체 해외 교민 수는 약 750만 명이고, 이 중 미국 교민이 약 255만, 중국의 경우 약 246만으로 대략 3분의 2 정도를 차지한다. 미국 '특유의' 극도로 냉혹한 자본주의형 민간 의료 보험과 상대적으로 낙후된 중국의 인프라를 경험한 사람이 압도적인 다수를 차지한다는 것이다. 이러한 환경에서 가령 덴마크 같은 국가에 사는 교민의 경험이 담긴 목소리가 들릴 틈이 있을 리 만무하다. 그뿐만 아니라 심지어 같은 북미 지역이라 하더라도 미국과 캐나다의 의료 시스템은 '완전히 다르다'는 점 등 전체적인 그림을 먼저 이해하고 정보를 받아들이는 사람은 그리 많지 않다. 그렇기에 '외국'이라는 단어의 이미지를 하나의 동질적인 개념으로 인지를 하는 경우가 넘친다.

세 번째는 언어다. 외국에 오래 살았다고 하더라도 영어(현지어)를 제대로 못 하는 사람들이 태반이라 한국인 의사만 찾아다니는 불편함을 감수해야 하는 사람들도 많다. 만약 영주권자 이상이고 의사와의 아주 디테일한 의료 상담을 아무런 불편함 없이 영어(현지어)로 할 수 있다면 해외의 시스템이 더 나은 점도 꽤 많이 발견할 수 있다. 가령 호주의 경우 영주권을 취득하면 '메디케어' 카드가 발급되어 모든 공공 의료 시설을 무료로 사용할 수 있다. 개인적인 경험상 호주에서 초음파나 CT 검사를 하고 싶을 때, 곧바로 할 수 있는 것이 얼마든지 가능했고 100% 무료였다.

단편적으로 인구 10만 명당 CT나 MRI 등의 주요 의료 장비 보유 수 통계만 보더라도 한국은 OECD 국가 평균 이상이기는 하지만, 일본, 독일, 호주 등의 국가보다는 다소 적음을 알 수 있다. 물론 CT나 MRI 보유 현황이 의료 시스템의 척도는 아니지만, 하나의 유의미한 측면이라는 전제하에서 한 가지 주목할 만한 점은 프랑스의 사례다. 프랑스의 경우 해당 수치가 한국보다도 한참 떨어지는 것으로 조사되었는데, 즉 이 말은 심지어 같은 '서유럽'이라 하더라도 독일과 프랑스에서 다른 경험을 할 것이 예상된다는 의미다. 역시 외국이라는 단어에 하나의 단일한 이미지를 덧씌우는 발상의 허구를 보여 주고 있다.

물론 한국의 의료 시스템이 편리함과 접근성을 기준으로 한다면 세계 최고의 수준이라는 것은 틀림이 없으며 이 글은 그러한 사실에 의문을 제기하고자 함이 결코 아니다. 다만 '한국은 X고 외국은 Y다'라는 식의 단순한 사고의 오류를 생각해 보자는 취지다.

외국은 치안이 나쁘다

두 번째 항목인 치안 관련 문제를 한번 고찰해 보자. 가령 카페에서 노트북(물건)을 놓고 나와도 아무도 가져가지 않는 나라는 한국이 유일하다는 식의 코멘트를 SNS상에서 흔하게 볼 수 있다. 하지만 이 또한 몰이해에서 비롯된 편견이다. 가령 해당 실험을 아래와 같은 각각 다른 국가에서 실험해 보면 어떨까?

◆ 핀란드 / 스위스 / 일본 / 덴마크
◆ 프랑스 / 인도 / 이집트 / 콜롬비아

대강만 보더라도 'A'군과 'B'군에서 주목할 만한(remarkable) 차이가 날 것이라는 것이 쉽게 예상이 된다. 실제로 한 글로벌 데이터베이스 업체의 조사에 따르면, 조사 대상 90개국 중 대한민국의 치안은 15위 수준으로 조사되었고, 'A'군에 포함한 네 개의 나라는 한국보다 더 치안이 좋다고 평가받은 국가이며 'B'군에 포함한 네 개의 나라는 치안이 더 안 좋다고 평가받은 국가이다. 물론 '치안 수준'을 정하는 기준은 조사 기관에 따라 제각각일 뿐이니 참고 자료 정도로 이해하면 될 것이지만, 핵심은 충분히 전달될 것이라 본다.

가령 유럽 국가들 중에서도 프랑스나 이탈리아, 스페인 등의 국가는 소매치기도 많고 치안이 좋지 않기로 유명하지만, 핀란드, 덴마크, 스위스 같은 국가에서는 그러한 경험을 하기 힘들다. 더 나아가 어떤 도시냐 또 그 도시 내에서도 어떤 동네(suburb)냐 등에 따라 모든 것이 다르다. 사실 이 사고 실험 또한 한국의 치안 수준에 의문을 제기하고자 함에 그 목적이 있지 않다. 한국 vs 외국이라는 이분법적 사고가 '외국'이라는 본질적으로 매우 광범위한 개념을 지나치게 동질적(homogeneous)으로 만들고 있지는 않나를 되돌아보자는 취지다. 일부 백인들이 타인종을 대할 때 가지는 편견과 무지함이 바로 이러한 지나친 일반화에서 나오기 때문이다. 가령 흑인은 전부 어떻다 또는 아시아인은 모두 중국인이다 등 타 집단을 하나의 뭉뚱그린 개념으로 인식하는 발상의 근원은 결국 무지다. 우리의 목표가 그들과 같이 되는 것이 아니라 그들보다 더 나은 사회를 만드는 것이라면 생각해 볼 만한 주제다.

3-3. 흑인이 한국인이라고 말할 수 있는 나라

얼마 전 한 인터넷 기사에 달린 댓글을 보고 많은 생각이 스쳐 지나갔다.

"흑인이 스스로 한국인이라고 말하는 것을 보고 토 나올 뻔했다."

물론 어느 사회나 무지한 사람은 있기 마련이라고 생각할 수 있다. 하지만 이 글이 수많은 '좋아요'를 획득한 것을 보면 가벼이 여길 문제는 아니다. 만약 흑인 부부가 한국으로 이민을 와서 정당한 절차를 통해 한국 국적을 취득했다면 그들은 한국인이고, 또 아이를 낳았다면 그들의 자녀도 분명한 한국인이다. 이것을 당당히 말하기를 눈치 보는 이들이 느낄 소외감은 마치 아버지를 아버지라 부르지 못하는 심정일 것이다.

세계적인 비디오 아티스트였던 백남준 선생이 1974년에 작성한 보고서 〈후기 산업 사회를 위한 미디어 계획 - 21세기가 이제 26년 남았다〉에서 그는 타 문화에 대한 무지가 인종 차별과 전쟁의 원인이라고 지적했다. 거의 반세기 전에 이미 그러한 통찰을 한 것이다. 하지만 지금의 시대에도 여전히 흑인 비하 발언이 큰 공감을 얻는 것을 보면 가끔 물리적으로 같은 해를 공유한다고 해서 반드시 우리 모두가 동시대를 살아가고 있다는 뜻은 아닐 수도 있다는 생각이 들 때도 있다. 예전에 난민 400여 명을(*난민 협약국 중 최저 수준) 받는다는 기사가 났었을 때 댓글을 살펴보면 얼마나 인종 차별과 외국인 혐오가 심한 나라인지 파악하는 것도 그리 어렵지 않다. 실제로 스웨덴에서 실시한 한 조사에 따르면 한국의 미세 인종 차별(폭력, 시위 등의 극단적인 형태가 아닌 기피, 혐오 등의 소극적 인종 차별) 지수는 세계 톱 수준이다. 과연 한국인이 외국에 나가서 인종 차별을 받는다고 호소할 자격이 있겠느냐는 의문이 든다.

다문화에 대한 인식

싱가포르와 시드니 등 다문화 사회에서 오랜 시간을 살았던 내 기준에서 바라본다면 한국 사회에서 인종의 다양성을 포용하는 수준은 이제 막 걸음마를 뗀 단계라는 것을 부정할 수 없다. 유심히 관찰해 보면 다문화라는 공허한 구호(empty rhetoric)는 난무하지만, 본질적으로 다양한 생각이나 문화, 가치를 받아들임에 있어서는 매우 배타적인 모습을 자주 목격하면서 역문화 충격(reverse culture shock)을 받는 경우도 종종 생긴다. 물론 다문화를 존중해야 한다는 그 총론 자체를 부정하는 사람은 드물지만, 사회의 비용과 노력, 일정 부분의 손해 감수 등 약간의 기회비용을 지급하는 것에 대해서는 회의적인 시각을 노골적으로 드러내는 경우가 많다.

그렇다면 우리 사회에서 다문화를 긍정하는 방식은 무의식적으로 사회적으로 인정받을 수 있는 방향을 염두에 둔, 즉 사회적 바람직성 편향(social desirability)에 기인한 그저 기계적인 생각쯤이 아닐까 하는 의구심도 든다. 그뿐만 아니라 한국에는 타문화를 있는 그대로 이해하고 존중하는 노력을 뜻하는 'Cultural Appropriation'이라는 개념이 존재하지 않는다. 굳이 한국어로 번역하면 '문화적 전유'라고 표현하기도 하지만, 개념 자체가 없기 때문에 딱 떨어지는 단어도 없는 실정이다.

근래에 대구에서 벌어진 이슬람 사원 건립을 반대하는 주민들의 폭언과 집단행동은 우리 사회의 다문화 인식이 어떤 수준에 머물러 있는지 여실히 보여 주었다. 현재 약 250만 명의 외국인이 한국에 거주하며(전체 인구의 약 5% 수준이며 경상북도 전체 인구수와 비슷하다.) 그 수가 나날이 늘어감에도 불구하고 여전히 그들은 이방인일 뿐이며 그들의 소소한 불편함에 대한 공감은 부족하다.

그뿐만 아니라 한국에서 나타나는 매우 특이한 현상도 있다. 유럽이나 북미, 호주 등에서 온 백인이 한국에 정착하였을 경우 '다문화'라고 지칭하지 않고 동남아, 아프리카, 중동 등 비교적 후진국이라고 여겨지는 국가에서 온 사람에게는 '다문화'라는 꼬리표가 붙는다. 어쩌다 보니 다문화라는 단어 자체마저 비하의 의미가 담긴 처지로 전락해 버린 것이다.

그렇다고 백인에 대해서도 올바른 인식을 가졌다고 볼 수도 없다. 과거 '미녀들의 수다' 또는 '비정상 회담' 등 외국인 게스트 주도 방송의 흐름을 보면 자국민의 자긍심을 올리기 위해 백인들이 철저히 이용되고 있음을 여실히 보여 주었으며 이러한 심리의 근저에는 열등감이 일부 자리 잡고 있다는 것도 충분히 파악이 가능하다. 어느 쪽이든 간에 아직 이주민들에 대한 무지가 만연한 것이다. 리더십 연구가인 조셉 야보르스키(Joseph Jaworski)는 《리더란 무엇인가》라는 책에서 이런 말을 했다.

"인간은 애초에 있지도 않은 경계를 상상으로 만들어 내고 우리가 받은 교육과 사회화 과정 때문에 우리를 둘러싸고 있는 온갖 경계와 구분을 받아들인다."

그의 이론에 따르면 인간은 세뇌된 '구분'이라는 상상의 산물 때문에 자연스레 편견을 가진다. 인간은 은연중에(무의식적으로) 나와 나가 아닌 것 또는 우리와 우리가 아닌 것을 구분 지으려는 소망을 가지고 있으며 이것이 다른 민족이나 인종에 자연스레 투영된다. 이러한 마인드는 세계화 시대와 전혀 맞지 않을뿐더러 사회 통합에 방해만 될 뿐이다.

싱가포르의 포용성

한국에 유학을 오는 백인들이나 동남아 엘리트들의 수는 늘고 있지만, 이들은 대부분 한국에 취업하여 정착하기보다는 본국으로 돌아가기를 원한다고 한다. 얼마 전 이런 실태를 조사한 한 언론의 기사도 있었는데, 외국인 학생들이 한국에 취직하고 싶지 않은 가장 대표적인 이유로 꼽는 부분은 너무 '불편한 사회'라는 것이다. 외국인에게 지나치게 배타적인 문화와 불편한 시선, 언어 장벽, 수직적 문화 등 한국에 취업할 메리트도 딱히 없고 실제로 한국 기업에서 외국인을 뽑으려고 하지도 않는다. 인터뷰에 응한 한 학생은 K-POP과 한국 드라마를 보며 환상을 가지고 유학을 와도 많은 주변 친구들이 실제로 살아보면 실망한다고 답했다.

이에 반해 싱가포르에 있는 유학생들은 대다수가 남아서 취직하기를 원한다고 하는데, 그 이유로는 취업하는 데 차별이 거의 없는 점, 영어를 공용어로 쓰는 점, 다국적 기업이 많은 점, 다양성에 매우 익숙한 선진적인 문화 등을 꼽는다. 이러한 싱가포르식 포용성의 이면을 살펴보면 그들이 이주민들을 받아들이면서 시혜적인 관점을 가지지 않는 데 그 성공 비결이 있음을 알 수 있다.

한국의 경우 은연중에 이 땅에 온 이민자들이 한국에 고마워하고 동화되어야 한다는 식의 관점을 당연하게 인식하는 반면, 싱가포르의 경우는 외국인들을 흡수, 통합해야 할 대상으로 인지하지 않고 각자가 자기 고유의 문화를 지키는 것을 당연하게 인식하는 것이다. 작은 거인이라는 싱가포르의 별칭은 결국 다양성의 포용과 조화로움에서 온다. 미국의 여론조사 기관인 갤럽의 조사에서 미국인들이 이민 가고 싶어 하는 나라 1위에 꼽혔던 것은 하루아침에 일어난 우연이 아니다.

한국의 난민 수용 문제

인종의 다양성과 포용을 이야기할 때 난민 이슈에 관해 이야기를 안 할 수가 없다. 난민의 지위에 관한 협약이 유엔(UN)에서 채택된 지 70년이 지났고 대한민국이 이 협약을 비준하고 제도를 갖춘 지도 약 30년이 지났다. 하지만 국제 사회에서 한국이 난민협약 가입한 국가가 맞냐는 비판을 받고 있다.

난민 수용에 부정적인 여론을 살펴보면 가장 대표적인 이유 두 가지가 "세금이 아깝다." 또는 "치안이 걱정된다."는 핑계다. 그런데 정작 한국형사정책연구원의 통계를 보면 국내 거주 인구 10만 명당 외국인 범죄자 수는 매년 내국인 범죄자 수의 반에도 미치지 못한다. 이처럼 아무런 근거 없이 외국인을 잠재적 범죄자로 바라보는 것은 우리 사회에 만연한 심각한 편견이다.

세금의 경우도 마찬가지다. 호주의 경우를 보면 1978년 백호주의를 버리고 지난 수십 년간 대표적인 다민족 국가로 자리매김했다. 다양한 연구에서 호주의 이민자는 전 이민 역사에 걸쳐 경제 발전에 크게 기여했고, 그들과 그들 가족에 대한 복지 혜택으로 지출되는 돈을 상쇄하는 것을 넘는 더 큰 이득을 가져다주었다는 것이 증명되었다. 2021년 6월에 호주 재무부가 발간한 〈세대 간 보고서(Intergenerational Report)〉에 따르면, 향후 40년 호주의 인구 증가는 다른 고소득 국가에 비해 더 빠르게 성장할 것으로 전망되었다. 이처럼 호주의 미래가 밝은 이유는 적극적인 이민 정책과, 선진국에 걸맞은 '적절한' 난민 수용, 언어 교육 및 다양한 이민자를 위한 프로그램 덕분이다.

문턱을 높이기보다는 적응하는 것을 어떻게 잘 도울지를 치열하게 고민하는 것이다. 딱히 눈에 보이는 대단한 차별을 자행하는 것만이 차별이 아니다. 막연히 다름을 두려워하고 불안해하는 것이 구조적인 차별을 만들어 내는 동력이라는 것을 기억할 필요가 있다.

경계를 넘어서는 마인드

2019년 외교부 통계에 따르면 해외에 사는 한국 교민 수는 약 750만 명이며, 이들은 180여 개국에 거주하고 있다고 한다. 대한민국 인구를 대략 5,000만 명 정도로 설정해서 단순 계산을 하면 비율상

약 13% 정도의 한국인(계)이 전 세계에 널리 퍼져서 사는 셈이다. 이는 인구 대비로 따진다면 지구상 그 어떤 민족보다도 해외 거주자(교민) 비율이 많은 것이다. 디아스포라 정서가 그 어느 민족보다도 강하다고 볼 수 있다. 그리고 지난 수십 년간 해외에서 다양한 삶의 방식을 경험하고 공부한 사람들이 한국으로 돌아와서 새로운 스탠더드를 구축하고 국가 구성원 전체의 수준이 많이 끌어올려지는 데 큰 도움이 되었다. 또 누군가에게는 영구적으로 해외에 거주하는 삶을 살아가는 운명이 주어졌지만, 그들 또한 다양한 형태로 한국을 대변하고 알리는 역할을 한다.

국가 간에 신뢰와 공감대가 형성되려면 정부 차원의 교류뿐 아니라 반드시 수많은 민간 차원의 교류가 필요한 것은 두말할 필요도 없는 자명한 사실이다. 이처럼 국제 사회는 여태껏 다양한 형태로 수많은 한국인을 품어 주었는데 우리는 국제 사회를 품어줄 수 없다면 그보다 더 이기적인 논리가 있을까?

획일적인 생각은 더 이상 설 자리가 없다. 갈등을 최소화하고 최적의 환경을 만들기 위해서는 다양성을 받아들이는 것이 더 이상 선택의 문제가 아니다. 이제는 다양성에 대한 찬반(pros and cons)을 넘어서서 어떻게(how) 조화롭게 구현할 것인가를 논의해야 할 시기이다.

3-4. 두뇌가 추는 춤, 창의성

창의성이 교육 분야에서 본격적인 학문적 관심의 대상이 된 것은 1960년대 초반이다. 미국이 소련과의 우주 경쟁에서 밀린 뒤 창의적 인재의 필요성을 절감하고 창의성에 대한 다양한 연구가 이루어지기 시작했다. 창의성을 연구하는 사람의 숫자만큼 창의성에 대한 정의가 다양하지만, 일반적으로 받아들여지는 성격적 요인의 공통점은 있다. 변화에 적응하는 능력, 개방성, 독창성, 독립적 판단력, 사물을 당연한 것으로 받아들이지 않는 태도, 낙관적인 태도, 모험심, 지적 호기심, 용기, 미래 지향적, 정서적 또는 심미적 민감성 등이 그것이다. 흔히 알고 있는 아이큐와 같은 개념은 결코 아니다. 가령 단순히 기업에서 일을 잘할 사람을 뽑는다면 아이큐는 분명히 그 작용을 한다. 충분히 Good Worker(우수한 근로자)는 될 수 있다. 하지만 창의적 지성인은 그 차원을 넘어서는 것이다.

창의성의 본질은 고차원적인 정신 활동이며 이를 통한 활발한 연관 짓기 사고(associational thinking)가 일상적으로 가능한 사람을 창의적이라고 할 수 있다. 하버드 비즈니스 리뷰(Harvard Business Review)를 살펴보던 도중 창의성을 "Brain Dance(두뇌의 춤)"라고 재미있게 표현한 단어를 보았는데 말 그대로 생각이 제멋대로 춤을 추도록 하는 것이 창의력 향상과 직접적인 연관이 있다. 창의적인 생각은 내면과의 소통을 통해 자발적으로 일어나며 이는 특정 기능을 배워서 해결될 문제라기보다 자유롭고도 진지한(언뜻 보기에는 양립이 어려울 것 같은) 사고가 습관화된 사람들에게서 많이 나타나는 특성이다.

가령 영국이 낳은 세계 최고의 극작가 윌리엄 셰익스피어(William Shakespeare)는 인간의 속성과 인생의 법칙을 그 누구보다 정확히 꿰뚫고 있었다. 그리하여 지금까지도 세계적으로 한 해 약 2,000편이 넘는 셰익스피어에 관한 논문이 나오며, 책, 공연 등 다양한 예술의 장르로 재해석되어 전 세계인의 마음을 사로잡는다. 행동주의 심리학자 B.F. 스키너의 말마따나 극작가와 소설가가 심층으로 내려가지 못하면 연극과 소설은 살아남지 못할 것이라는 점을 고려한다면, 철학이나 심리학이라는 학문은커녕 대학 교육도 받지 않았던 셰익스피어의 성취는 놀라움 그 자체다. 그가 세밀한 인간 심리를 분석하고 불후의 창작을 할 수 있었던 것은 결국 정형화된 교육이 아닌 남다른 생각과 사유의 결과물이다.

미운 오리 새끼

인지심리학자 김경일 교수의 저서 《이끌지 말고 따르게 하라》를 보면 한국 사회에서는 창의적인 인재가 어딘가 반항적이라 조직 내에서 골칫덩어리로 인식한다는 생각을 지적한다. 창의적인 사람이 소수이다 보니 그들이 보이는 독특함을 이해하기 힘든 것이다. (*독특함이 곧 창의성이라는 말은 아니니 오해가 없길 바란다.)

일반적으로 창의적인 아이디어가 무엇인지 그 개념에 대한 이해가 부족하기 때문에 일어나는 현상이다. 산업사회에서는 규율화된 인재를 양성하는 것이 최대의 목적이었고 따라서 교육의 방향도 학생의 개성에 집중하기보다는 표준화된 모델에 인간을 적응시키는 훈련에 가까웠다. 그러다 보니 당연히 개개인보다 시스템을 더 중시하는 사회가 되었고, 이러한 큰 그림 속에서 창의성을 유도하는 방식은 전체의 조화를 그대로 유지하는 커다란 전제 조건하에서만 진행되어 왔다.

가령 메타버스 열풍이 일어나니 입시 설명회 또는 채용 설명회를 게더타운(Gathertown) 등의 메타버스 공간에서 하는 방식으로 진행하며 그것을 창의적인 발상이라고 인식하는 식이다. 제대로 창의적인 발상이려면 무언가 인과관계가 불편해지는 요소가 생기기 때문에 딱 그 정도가 윗사람에게 '적절한 창의성'이라고 칭찬받을 수 있는 선이기 때문이다. 즉 이미 쳐 놓은 좁은 그물 안에서만 창의력을 펼치기를 종용한다. 물론 한국인의 평균 창의성이 낮다는 데 동의하지 않는 사람들도 있을 것이다. 얼핏 보면 창의성이 뛰어난 민족인 듯 보이기 때문인데 이는 모방이나 변형, 디테일 등에 강한 '표면 창의성'이 뛰어난데다 또 특유의 근면 성실함이 더해져 겉으로 드러나는 부분에서는 놀라운 성과를 보여왔기 때문이다.

하지만 큰 그림을 그리는 측면이나 집단적 정념으로부터의 탈피, 새로운 개념 창조 등의 원천인 '심층 창의성'은 부족하다는 것이 이미 많은 학자가 지적해 온 사실이다. 이러한 창의성의 부재는 개인의 생산성과도 밀접한 연관이 있다. 블룸버그(Bloomberg)에서 나온 기사를 보면, 한국 학생들이 학업 성취도는 뛰어나나 졸업 후 직장인이 되면 인지 능력(cognitive abilities)이 저하되는 속도가 OECD 국가 중 가장 빠르다는 내용이 소개된다. 한국과 아일랜드 양국의 노동 생산력을 비교했을 때, 한국 학생들에게 약 40% 정도의 비용(교육비)이 더 많이 지출되는 반면, 직장인이 된 후 1인당 노동 생산성은 아일랜드인의 약 60% 정도 수준의 생산성을 보이는 것으로 대비된다.

관행과 창의성

지난 수년간 각종 지자체와 기관에서 우후죽순 생겨난 창업 및 스타트업 지원 센터도 같은 맥락이다. 스타트업 열풍이 일어나자 전국에 셀 수 없을 만큼 많은 화려한 건물이 생겼지만, 거품이 꺼지자 결국 부동산 임대업으로 전락한 곳이 많다. 그저 다른 곳이 하면 우리도 해야 한다는 마인드가 팽배하고 시류에 편승하는 것을 창의적이라고 오해하는 경우가 흔하기 때문에 벌어지는 일이다.

그렇다면 실제로 글로벌 무대에서 국내 스타트업의 실적은 어떨까? NH투자증권의 자료를 보면 2022년 기준, 글로벌 시가 총액 1,000대 기업 중 한국 기업은 단 12개다. 2017년 기준 25개에서 불과 5년 만에 반토막이 난 것이다. 100대 기업의 경우 삼성전자가 유일한데 그나마도 15위(2017)에서 31위(2022)로 하락했다. 특이 사항은 한국의 경우 창업 10년 미만의 기업(스타트업)이 1,000대 기업에 포함된 곳은 단 한 군데도 없다는 점이다. 전통적으로 강한 특정 대기업에만 의존하며, 이마저도 글로벌 시장에서 그 위상이 하락하는 추세라는 것을 알 수 있다. 신사업을 도입하려는 한 스타트업 기업의 대표가 토로한 불만을 보면 한국식 사고의 근저에 어떤 메커니즘이 있는지 대략 알 수 있다. 새로운 기술과 관련해 무언가 승인을 얻기 위해 관공서에만 가면 으레 "외국에 그런 사례 있어요?"라는 질문을 받는다는 것이다. 기술과 그것이 사회에 미칠 영향력을 고려해야지 외국에 그런 사례가 있는지는 하등 관계가 없는데도 말이다.

세계경제포럼(WEF)이 한국의 국가 경쟁력 순위를 141개국 중 13위로 평가했으나, 이 중 규제로 인한 기업 부담은 87위로 평가했다는 점도 유사한 맥락이다. 이처럼 기존에 이미 잡혀 있는 시스템에서 조금만 벗어나도 그 생각을 죽이도록 강요받는 시스템 내에서 창의력을 외친다고 창의력이 나오기란 쉽지 않다. 예를 들어 만약 한국에서 누군가 '규제 샌드박스'라는 개념을 먼저 떠올렸다고 가정해도 그것이 한국에서 최초로 시작될 수 있었을까 상상해 본다면 절대 그림이 그려지지 않는다. 이 또한 외국에서 충분히 그 효과가 검증된 후 도입은 가능했지만, 한국의 공무원 중 누군가 최초로 이를 시도하고자 했다면 불가능에 가까웠을 것이다.

물론 기업의 영역과 공공의 영역의 역할은 근본적으로 다르다. 공적 기관은 혁신보다는 사회적 혼란을 피하는 것이 더 중요한 입장이므로 어느 정도 보수적인 입장을 견지하는 것은 당연하다. 하지만 그렇다고 해서 뒤처진 마인드가 정당화되는 것은 결코 아니다.

* 규제 샌드박스: 기업이 신제품이나 새로운 기술을 출시할 때 일정 기간 기존의 규제를 면제 또는 유예 해주는 제도이다. 국민의 안전이나 사회에 해를 끼칠 우려가 있는 것이 아니라면 법률 제약 없이 일단 시장에 먼저 출시하여 충분한 검증을 할 수 있도록 규제 특례를 주는 것을 취지로 한다. 2016년 영국에서 시작되어 그 효율성이 검증되어 이후 전 세계적으로 퍼져나갔다. 아이들이 '자유롭게 노는' 놀이터가 모래 박스와 같다고 하여 샌드박스라는 명칭이 붙여졌다.

왜 고위직으로 갈수록 비창의적인가?

대게 진짜 창의적인 사람은 조직 부적응자로 낙인찍히고 그와 반대인 사람들이 고위직에 올라가는 경우가 매우 흔하다. 그뿐만 아니라 승진과 능력이 오히려 반비례 관계에 더 가깝다는 이론도 있다. 미국의 교육학자 로렌스 피터(Laurence J. Peter)는 수직적 계층 조직일수록 아이러니하게도 직무 수행 능력이 부족한 사람이 오히려 고위직을 차지하는 경우가 많다는 연구 결과를 제시했다. 그 이유는 보통 조직 내에서 승진 대상자를 결정할 때, 단순히 직원들이 현재까지 보여 온 업무성과에 기초해 평가하는 경향이 높아서인데, 즉 다시 말하면 묵묵히 시키는 일을 열심히 잘하는 수동적 성향을 가진 직원이 중간 관리자급 이하의 직책에서 좋은 성과를 낸 것이 주효하기 때문이다. 설사 그것이 고위직에 올라갈 만한 리더십이나 큰 그림을 그릴만 한 넓은 시야를 가진 것과 상관이 없더라도 말이다. 결과적으로 어느 순간 고위직에 그 역할과 맞지 않는 직원들로 계속 채워지는 현상이 아주 흔하게 나타나며 이들은 본인 능력에 맞지 않는 일을 하면서 필요 이상의 심한 스트레스를 겪게 되는 악순환이 반복된다는 것이다. 그의 이론은 열심히 하는 것과 샤프한 마인드를 구분하지 못하는 딱딱한 조직 문화를 꼬집고 있다.

일본 최고의 작가 무라카미 하루키는 책 《직업으로서의 소설가》에서 작업(창의적인)을 하기 위해 마음속 어두운 밑바닥을 들여다본다고 말한다. 높은 빌딩을 짓기 위해서는 오히려 더 깊은 의식의 하부로 내려가서 필요한 '양분'을 가지고 의식의 상부 영역으로 다시 끌어와야 한다는 것이다. 그리고 그는 이러한 작업을 할 수 있는 사람을 '정신적 터프함'을 갖춘 사람이라고 칭한다. 세계적인 소설가의 날카로운 통찰력과 창의성의 근원이 설명되는 부분이다. 반면 사회적 지위는 높지만, 이러한 개념조차 잘 이해하지 못하고 단지 기계적으로 창의성을 외치는 사람이 많다는 것은 다소 안타까운 측면이 아닐 수 없다.

심층 창의성이 높은 사람의 특성

문학, 예술, 경영, 과학기술, 철학 등 분야를 막론하고 시대적 천재들의 삶을 잘 분석해 보면 공통으로 매우 고차원적인 창의성을 가지고 있었다는 것이 엿보인다. 그들에게서 나타나는 특성 몇 가지를 추려 보면 다음과 같다.

① 딥 제네럴리스트 성향을 보인다.

특정 산업에나 분야에서 깊이를 가지는 스페셜리스트의 성향과 모든 방면을 통틀어 폭넓은 지식을 가지는 성향을 말하는 제네럴리스트의 성향을 함께 가지고 있다. 보통 제네럴리스트의 마인드를 가진 상태에서 다양한 분야를 세부적으로 파고드는(generalizing first and specializing later) 패턴을 보인다. 기본적으로 다양한 분야에 호기심이 왕성하기 때문에 세속적인 기준(학벌, 학위, 지위 등)에 큰 의미를 두지 않고 인생 전체를 공부의 장으로 인식하는 경향이 짙다. 미래학자 앨빈 토플러(Alvin Toffler)의 "21세기의 문맹은 글을 읽지 못하는 사람이 아니라 새로운 것을 배우는 능력이 없는 사람이다."라는 발언이 이와 궤를 같이한다.

호기심을 충족시키는 방법으로는 대개 많은 독서를 통해 정신의 지평을 확장하는 경우가 많다. 워런 버핏(Warren Buffett)의 비즈니스 동반자 찰스 멍거(Charles Munger)는 책을 읽지 않는 사람 중에 똑똑한 사람을 단 한 명도 본 적이 없다고 하며 정신적 격자 모델(lattice of mental models)의 중요성을 강조했다. 모든 사람은 세상을 바라보는 각자의 '인식의 틀'이 존재하는 데 수많은 지식과 사유가 겹치고 겹치는 과정 속에서 이러한 정신적 모형이 크기는 계속 확장되고 간격은 촘촘해진다는 원리다. 이를 통해 세상을 더 정확히 이해할 수 있고 남들의 눈에 보이지 않는 것이 보이기 시작한다는 것으로 해석할 수 있다.

② 미래인의 관점을 가진다

미래인의 관점이라고 하면 다소 생소할 수 있으니 한 가지 예를 들어보자. 19세기 최고의 문명국 영국에서는 6~7세 어린이들도 공장에서 12시간 내지 18시간 정도 일을 하는 경우가 많았다. 당시 영국의 신사들은 이를 수요 공급의 법칙에 따라 이루어진 합리적 계약쯤으로 여기는 것이 일반적이었다고 한다.

우리가 타임머신을 타고 19세기 영국으로 가서 저러한 생각을 하는 영국의 신사들과 대화한다고 가정해 보자. 아동 노동 착취라는 개념을 설명할 때 그들은 그 앞선 마인드를 제대로 이해하지 못할 확률이 높다. 이때 당신은 상대방이 당시 기준으로 아무리 똑똑한 사람이라고 해도 무지해서 대화가 안 통한다는 것이 어떤 의미인지 짐작할 수 있다. 새로운 세대는 그 이전 세대보다 항상 똑똑할 수밖에 없다(평균적으로)는 말이 있듯 미래인의 관점은 상대적으로 우월한 경우가 대부분이다.

가령 과거에 뛰어난 철학이나 예술, 문학이 당대에 인정받지 못하거나 오히려 무시, 박해를 받다가 당사자 사후에 미래 세대에게 재조명받아 크게 인정받는 경우가 셀 수 없이 많은 이유는 미래로 갈수록 평균적인 지성의 척도가 조금씩 더 높아지기 때문이다. 그래서 창조성과 미래인의 관점은 밀접한 연관이 있으며, 이는 창의적 활동이 활발한 사람이 무의식과 내면세계를 잘 이해하는 특성과도 맞닿아 있다. 의식 세계에서는 어떤 개념이나 시공간 등이 명확하게 구분되지만, 무의식의 세계에서는 그러한 규칙이 적용되지 않기 때문이다. 가령 우리가 꾸는 꿈을 떠올려보면 무의식 세계가 얼마나 무 규칙적인지가 잘 드러난다. 무작위의 키워드가 하나로 연결되어 인식되는 비논리성은 물론이고, 다의적이면서도 동시에 시공간을 자유자재로 초월한다. 당연히 무의식 세계를 더 잘 이해하는 사람이 새롭고 시대 초월적인 발상을 할 확률이 높을 수밖에 없다.

③ 눈에 안 보이는 것을 감지하는 능력이 뛰어나다

헤르만 헤세(Hermann Hesse)의 소설 《데미안》에서는 주인공이 길을 걷다가 자그마한 교회에서 연주되고 있는 오르간 소리를 듣고 생각하는 장면이 나온다. 잠시 감상해 보자.

> "그런데 연주가 놀라웠다. 극도로 개인적인 의지와 끈질김의 표현이어서 마치 기도처럼 들렸다. 이런 생각이 들었다. 저기서 연주하는 사람은 이 음악에 보물 하나가 숨겨져 있다는 것을 안다. 그래서 자신의 생명을 얻듯 이 보물을 얻어 내려고 구하고, 가슴 두근거리고, 애쓰고 있다고. 나는 기교면에서는 음악을 잘 이해하지 못하지만, 바로 이런 영혼의 표현은 어린 시절부터 본능적으로 이해했으며 음악적인 것을 내 안의 자명한 것으로 느끼고 있었다."

자신을 학식이 풍부한 사람이라기보다 늘 진리를 찾는 구도자라고 스스로 말해온 작가의 태도와 그의 삶에 비추어 볼 때 이것은 헤르만 헤세 자신의 느낌을 소설 속 주인공 에밀 싱클레어에게 투영한 것이지 싶다. 그렇지 않고서는 저러한 구체적인 표현이 나올 수 없다.

현대 사회에서는 당장 눈에 보이고 오감으로 느낄 수 있으며, 과학적으로 증명된 것들에만 중요성을 부여하는 삶을 산다. 하지만 창의성이 뛰어난 천재들은 우리의 인생에 가장 큰 영향을 미치는 것들은 사실 우리의 오감으로 느낄 수 없는 것들이라는 것을 느끼고 스스로 깨친다.

간혹 눈에 안 보이는 것은 절대 믿지 않는다는 사람이 있는데 이러한 논리라면 피아니스트를 단순히 악보를 보고 외워서 건반을 두드리는 기술자 정도로 치부하는 것이다. 많은 사람들이 느끼는 감동은 왜 그런지 모르지만, 그 이유가 반드시 있는 것이고 이를 단순히 눈에 안 보이며 주관적이라는 이유로 없는 것으로 치부한다는 것은 안타까운 일이다. 이성 중심 세계관에 매몰되어(그렇게 교육받았으므로) 인간의 오감과 인지 능력이 세상을 이해하기에는 너무나도 부족하다는 것을 아직 깨닫지 못한 것이다. 반대로 헤르만 헤세의 경우처럼 창의적인 사람은 물질세계 너머 무언가 있다는 것을 온전히 자각하고 있는 그대로 받아들인다.

3-5. 화이트칼라의 위기

TDS(Towards Data Science)가 런던대학교(University College London)의 연구를 인용한 기사를 보면, 인공지능이 현직 의사들보다 더 뛰어난 진단 능력을 보였다는 내용이 소개된다. 테스트 방식은 대략 현실에서 있을 법한 질병을 텍스트로 적어서 진단을 내리는 형식으로 진행되었는데 AI 진단 알고리즘은 72%의 인간 의사들보다 더 뛰어난 진단 능력을 보였다. 100명당 28명 정도의 의사만이 체면을 유지했다는 뜻이다.

해당 연구뿐만이 아니라 각종 검사를 판독하는 영역에서 의사보다 인공지능의 판단이 더욱 정확하다는 연구가 연이어 나오고 있다. 국내의 경우도 의료 기술 기업 베르티스가 개발한 딥러닝 모델은 난소암과 췌장암을 판별하는 데 95% 이상의 정확도를 보이며 업계의 주목을 끌었다. 그런데 인공지능이 의료 진단에 뛰어난 능력을 보이는 이유가 주목할 만하다. 'Creativity in diagnosis' 즉 진단을 인간 의사보다 더 '창의적'으로 한다는 것이다. 예전에는 단순히 의사들의 진단을 학습하고 모방하여 패턴을 인식하는 방식이었다면 이제는 반사실적 기법(counterfactual methodology)을 이용한 모든 가능성을 열어 두고 자유로운 사고를 하도록 설계가 되어 그 정확도는 시간이 갈수록 높아지고 있는 것이다. 인간이 기계보다 창의력도 밀린다는 소리가 나오는 세상이다.

모라벡의 역설

　일반적으로 로봇이나 AI가 공장 노동자나 엔지니어 등 주로 블루칼라들의 직업을 대체할 것이라고 우려하는 것은 또 하나의 편견이자 자동적인 이미지일 수 있다. 마치 우리가 학창 시절 직업의 귀천을 말하면 자동으로 환경미화원을 떠올리던 것처럼 말이다. 하지만 경제적 효과를 고려한다면 인공지능의 궁극적인 목표는 기존에 임금이 더 높았던 화이트칼라나 전문직, 나아가 학자, 예술가, 작가 등 창작의 영역을 넘보는 것이다.

　그리고 모라벡의 역설은 오히려 그편이 더 쉬울 수 있음을 보여준다. 모라벡의 역설이란 미국의 로봇 공학자이자 미래학자인 한스 모라벡(Hans Moravec)의 표현이며 사람이 어려워하는 것을 인공지능은 쉽게 할 수 있지만, 사람이 쉽게 하는 것을 오히려 어려워함을 뜻한다. 가령 대부분의 인간이라면 누구나 쉽게 할 수 있는 걷기, 점프하기, 손뼉치기 등의 행위를 로봇은 더 어려워하고 인간이 어려워하는 어려운 계산이나 분석은 더 쉬워한다. 이를 직업에 접목해 보면 금융 전반의 패턴을 인식하여 향후 트렌드를 분석하는 일은 원시 시대의 수렵 채집인이 하던 일에 비하면 인공지능으로 대체하기가 더 쉽다. 융합생명과학자 최윤섭의 《의료 인공지능》이란 책에도 이미 현재의 기술로 기존의 영상의학과 전문의 수십 명이 할 일을 인공지능과 전문의 1명의 조합이면 충분히 가능한 수준임을 언급한다. 전문성이 높고 고도의 분석 능력이 필요한 직업이 AI의 도전으로부터 안전한 것과 유의미한 상관이 없다는 것을 의미하는 것이다.

가장 안전한 직업은?

글로벌 컨설팅 그룹 KPMG가 전 세계 글로벌 기업 경영자 1,325명을 대상으로 설문하였을 때 약 80%의 경영자가 직원을 줄일 고민을 하고 있거나 가까운 미래에 고민하게 될 것 같다고 응답했다. 실제로 세계적으로 화이트칼라 직원들의 대거 인원 감축이 벌어진 사회적 현상도 유사한 맥락이다. 과거에는 불황이 닥치면 블루칼라가 해고 대상 1순위였지만, 이제는 화이트칼라의 위기가 본격화되는 세상이며, 특히 사무직 근로자의 업무는 정말로 강력한 소프

트웨어 하나만 있으면 대부분이 대체가 가능하기에 향후 10년 내로 큰 지각 변동이 일어날 확률이 높다.

그렇다면 인공지능이 대체하기 가장 어려운 영역은 무엇일까? 가령 의사라는 직업을 예로 들면 대부분의 전문가들은 가장 대체가 쉬운 영역은 영상의학과, 가장 어려운 영역은 정신의학과로 지목한다. 이는 옥스퍼드대학의 칼 프레이(Carl B. Frey), 마이클 오스본(Michael Osbourne) 교수가 발행한 〈미래의 직업(The Future of Employment)〉이라는 보고서와도 어느 정도 일치한다. 해당 자료를 살펴보면 AI가 인간을 대체하기 가장 힘든 직업으로 테라피스트, 정신건강 상담사, 직업 치료사, 정신과 의사, 유치원 선생, 초등학교 교사, 사회복지사, 레크리에이션 강사 등이 대거 차지하고 있다. 즉 인간과 인간의 교류 및 교감이 핵심이 되는 직업의 중요성이 더욱 인정받을 것이라는 의미로 해석될 수 있다. 결국 인간 중심의 일과 인문학적 창의성이 그나마 인공지능의 도전에서 가장 안전한 영역이란 것이다.

3-6. 예술하는 인공지능

에이다(Ai-da)는 세계 최초로 국회 청문회에 출석해 증언한 휴머노이드(인간형 로봇) 인공지능이다. 영국의 대표적인 낭만파 시인 조지 고든 바이런(George Gordon Byron)의 딸이자 세계 최초의 컴퓨터 프로그래머라고 불리는 에이다(Ada)의 이름을 딴 로봇 아티스트는 많은 전문가가 공을 들여 실제 여성의 모습에 가깝게 제작되었고 대표적인 미술 작품들이 개인전을 통해 공개되어 화제가 되기도 했다. 청문회에 참석한 에이다는 새로운 기술이 예술 분야에 미칠 영향력을 토의하는 영국 상원 청문회 자리에서 의원들의 질문에 답했다. 아래는 실제로 그녀(?)의 답변이다.

"The role of technology in creating art will continue to grow as artists find new ways to use technology to express themselves, (중략) technology can be both a threat and an opportunity for artists." (예술가들이 자신을 표현하기 위해 새로운 기술을 접목할 방법을 찾고 있으며 창작 활동에 있어서 기술의 역할은 계속해서 증가할 것입니다. (중략) 기술은 예술가에게 위협이기도 하고 기회이기도 합니다.)

2016년 알파고의 승리 후에도 많은 학자는 인공지능이 창작의 영역은 인간을 넘볼 수 없다고 예견했지만, 불과 수년 만에 그 흐름이 바뀌고 있다. 아직은 인공지능의 예술을 창작으로 보지 않는 관점이 조금 우세한 경향이 있지만, 앞으로 수년 뒤 세상의 분위기는 또 어떻게 바뀔지 모른다.

현재 전 세계 예술계에서는 AI가 그린 그림을 예술로 인정해야 하는지 아닌지를 놓고 뜨거운 논쟁이 벌어지고 있다. 인공지능의 창작물이 실제로 예술계에 침투한 것은 2018년 뉴욕 경매에서 AI 화가 '오비어스'가 그린 초상화 '에드몽 드 벨라미의 초상(The portrait of Edmond de Belamy)'이 약 5억 원에 팔린 사건이 발단이라고 볼 수 있다. 당시 예상 낙찰가의 40배 정도를 넘으면서 예술계가 긴장하기 시작했다. 그 이후 인공 지능의 예술이라는 키워드가 전 세계적인 관심으로 이어진 계기는 2022년 미국 콜로라도 주립 미술전에서 최우수상을 수상한 '스페이스 오페라 극장(Théâtre D'opéra Spatial)'

이라는 작품이었다. 해당 그림이 미드저니(Midjourney)라는 인공지능 소프트웨어로 그린 그림이라는 것이 수상 이후 뒤늦게 밝혀지면서 논란이 일어났고 세계적으로 퍼져나간 것이다.

미드저니(Midjourney), 달리2(DALL-E-2), 이매젠(Imagen) 등 AI 화가 프로그램은 대개 허가 없이 다른 예술가들의 창작물을 수집하며 이러한 데이터를 토대로 그림을 그리기 때문에 저작권 문제가 일어나지 않을 수 없다. 그렇기에 창작으로 인정할 수 없다는 관점이 있지만, 이러한 논리에도 빈틈은 존재한다. 신이 아닌 이상 100% 순수한 창작이란 것은 없으며 인공지능이 데이터를 취합하는 과정을 인간이 학습하는 과정과 다름없다고 보는 것이다.

가령 조르주 브라크(Georges Braque)나 파블로 피카소(Pablo Picasso) 이후에 수많은 작가가 큐비즘(3차원적 시각을 통해 표면에 입체적으로 재현)을 통해 자신을 표현할 수 있었던 이유는 새로운 개념을 창시한 천재들의 개념에서 크고 작은 영향을 받은 것이지 완전한 독창성이라고 볼 수 없다. 브라크나 피카소 또한 배우고 각자의 내공을 쌓아가는 데 있어 의식적 또는 무의식적으로 다른 예술가들의 영향을 많이 받았을 것이니 창작에는 모방이 필연적인 요소일 수밖에 없다. 이에 반해 사람이 학습하는 방식의 경우 재해석이 반드시 들어간다는 점은 인공지능의 창작을 인정할 수 없다는 입장의 대표적인 의견이다. 설사 모방이 창조의 어머니라고 할지라도 작가의 인생 경험과 세계관에 따라 재창조의 과정이 들어가야 창작이 될 수 있다는 관점이다.

그뿐만 아니라 완성도가 높은 그림을 그리기 위해서는 어차피 미적 감각이 있는 사람의 섬세한 터치가 필요하며 이는 AI로도 쉬운 일이 아니라는 제삼의 관점도 있다. 단순히 단어를 몇 개 입력한다고 되는 것이 아니라 원하는 방향으로 그림을 그리기 위해서 오랜 시간 시행착오를 거치며 다양한 방식으로 텍스트를 조합하여야 한다는 것이다. 즉 전통적인 예술적 기교가 사용된 것은 아니지만, 원하는 그림을 얻어내기 위해 텍스트 입력에 상당한 공을 들인 것이므로 새로운 방식으로 예술을 하는 것으로 이해해야 한다는 논리다.

실제로 최근 미국에서는 인공 지능 화가에 입력할 지시 문구를 개발하는 '프롬프트 엔지니어'라는 신종 직업도 생겨났다. 원하는 그림을 그리기 위해 수준 높은 텍스트가 거래되는 현상이 생겨났기 때문이다. 기술의 발전이 너무나도 큰 철학적인 질문으로 이어지고 있다.

그래서 예술이 뭔데?

참고로 나는 이 주제에 관해서 한쪽으로 치우친 결론을 내리고 있지 않다. 예술에 조예가 깊은 편은 아니지만, 자유로운 영혼을 가진 예술가들을 동경하는 한 개인으로서 도대체 예술이란 놈이 뭔지에 대한 다양한 관점부터 이해해 보고 싶을 뿐이다.

사실 무엇이 예술이냐에 대한 논란은 오래전부터 이미 존재했다. 저급한 대중문화나 천박하고 저속한 작품을 뜻하는 키치(Kitsch)라는 개념도 1960년대 팝 아트가 미술의 큰 물결로 자리 잡으면서 그 경계가 모호해지기 시작했고, 잘 몰라도 일단 엘리트 예술인이 하면 뭐든지 예술이라고 고개를 끄덕일 수밖에 없는 문화가 자리 잡았다. 2019년 미국 플로리다 마이애미에서 열린 아트 바젤 마이애미에서 이탈리아의 예술가 마우리치오 카텔란(Maurizio Cattelan)의 작품은 SNS상에서 큰 논란이 되었다. 시장에서 산 노란 바나나 하나를 회색 테이프로 갤러리 부스 벽면에다 붙여 놓았고, 이것이 한화 약 1억 6천만 원에 팔린 케이스다.

과일 하나를 가져다 놓고 예술이라 하니 비슷한 작품이 연상된다. 1966년 런던 인디카 갤러리에 전시되었던 오노 요코(Ono Yoko)의 사과(Apple)라는 작품이다. 실제 사과 하나가 아크릴 유리 위에 덩그러니 놓여 있었다. 여담이지만 심지어 각각의 작품을 누군가 먹어 버린 것도 유사하다. '2019년의 바나나'는 헝가리의 예술가 데이비드 다투나(David Datuna)가 그 자리에서 먹어 치웠고, '1966년의 사과'는 존 레논(John Lennon)이 집어 들고 한 입 베어 물어 오노 요코가 엄청 화를 냈다는 일화가 있다(나중에 둘은 결혼한다). 어쨌든 이 두 작품은 개념 미술의 난해함과 예술 경계의 모호함을 대변하는 수많은 사건 중 극히 일부의 케이스에 불과하다.

독일의 철학자 발터 벤야민(Walter Benjamin)은 가까이 있지만 멀게 느껴지는 분위기, 즉 무언가 범접할 수 없는 고고함을 뜻하는 아우라(Aura)를 복제 불가한 예술의 본질로 보았지만, 이러한 개념은 너무 주관적이라 이렇다 할 속 시원함이 없다.

미국의 미술평론가 아서 단토(Arthur Danto)의 경우는 자신의 저서 《무엇이 예술인가》에서 예술의 경계가 모호해져 철학이 그 설명을 한다고 말한다. 즉 누가 기존의 것을 더 많이 부정하고 더 심한 일탈을 하는가 경쟁하듯 신선함을 좇다 보니 점점 미적 보편성이나 예술의 규범이라는 의미가 흐려지고 결국 철학과 의미 부여의 싸움이 되었다는 것이다. 어쩌면 대중들이 당혹스러움을 느끼는 것은 당연하다. 엘리트 작가들이 많은 사유 끝에 철학적 의미와 개념을 부여했으니 그냥 그런 줄 알라는 식의 도도함에 장단을 맞춰야 할지 말아야 할지 갈피를 잡기 힘들다. 이러한 복잡한 화려함을 보고 있자면 영화 〈위대한 개츠비〉에서 반복되는 대사 "I was within and without(나는 안과 밖을 넘나들었다.)"이 떠오른다. 귀족들의 화려한 삶을 보며 긍정과 부정의 감정이 계속 왔다 갔다 하는 양가적인 감정을 표현한 말이다. 예술의 경계를 사유하며 내가 느끼는 현기증은 마치 그러한 산발적인 의식의 흐름과 유사한 것 같다.

예술의 경계를 따지는 것은 무의미한 일일지도

　어쩌면 모두 제각각의 관점이 있기에 예술의 경계를 설정하는 것은 애초부터 불가능에 가까운 영역일지도 모른다. 간단한 사고 실험을 하나 해보자. 한 뛰어난 예술가가 평생 공부와 연구를 게을리하지 않고 60~70대의 나이가 되었다면 그 사람의 기준에서 예술은 보통 사람들이 감히 상상할 수 없는 수준의 경지를 뜻할 것이다. 반면 그림을 좋아하는 한 고등학생의 눈에는 미대 졸업전시회만 가도 모든 작품이 대단한 예술로 느껴질 수 있다. 그렇다면 어차피 예술의 본질은 상대성일 수도 있다는 것을 생각해 볼 필요가 있지 않을까? 1984년 출간된 천경자 화가의 에세이집 《사랑이 깊으면 외로움도 깊어라》에 나오는 대목을 눈여겨볼 만하다.

> "화가의 일생은 초기, 중기, 만기의 3기로 쪼개어 볼 수 있다. 초기는 본인 그대로 자연을 묘사하게 되고, 중기에 비로소 느낌을 표현하는 경지에 이른다면, 마지막으로 보이는 것을 통해 꿈과 상상의 우물을 파 그걸 표현하는 완숙기에 들어갔다가 죽는다고나 할까?"

　대한민국 최고의 화가 중 한 명이었다고 평가받는 그녀가 이러한 글을 쓸 때는 당연히 스스로 '완숙기'에 들었다고 여겼을 것이 틀림없다. 그리고 굳이 화가의 일생을 크게 세 단계로 나누어 표현한 것은 자신의 인생과 작품 여정을 돌아봤을 때 단계별로 분명한 큰 차이가 느껴졌기 때문일 것이다.

철학자 최진석 교수의 《탁월한 사유의 시선》이란 책에도 예술의 정의에 대한 의미심장한 대목이 나온다. 피아니스트의 영역을 예로 들어 예술가가 되는 과정을 표현한 긴 글을 요약하면 대략 아래와 같다.

1단계) 피아노 연주자 - 피아노가 가진 기능을 잘 다루고 표현하는 사람
2단계) 음악가 - 음악의 이론과 체계를 잘 구현하는 단계에 이른 사람
3단계) 예술가 - 문명의 방향성을 제시하고 인류의 본질을 규정하려 덤비는 단계

그의 표현에 따르면 1단계에서 2단계로 올라가는 난도를 대략 '5' 정도라고 가정하면 2단계에서 3단계로 올라가는 난도는 대략 '5만' 정도 되리라 추정한다. 다소 과장도 포함된 듯하지만, 그만큼 심오한 세계라는 의미일 것이다. 역시 아는 만큼 보이고 들리며, 또 표현할 수 있다는 점에서 예술의 상대성이 드러난다. 그렇다면 다시 최초의 질문으로 돌아가 보자. 어쩌면 인공지능의 그림도 예술이 될 수 있느냐는 질문 따위는 애초에 의미가 없는 것일지도 모른다. 그저 예술의 경계에 대한 기준과 관점의 차이만 있을 뿐.

CHAPTER

4

문명의 방향성

4-1. 공장식 축산은 21세기 홀로코스트

이스라엘의 역사학자이자 《사피엔스》, 《호모데우스》 등 세계적인 베스트셀러를 쓴 주인공 유발 하라리(Yuval Harari)는 공장식 축산을 21세기의 홀로코스트라고 지적한 바 있다. 지금의 인류가 공장식 축산을 통해 동물들에게 저지르는 잔혹한 행위를 나중에 '미래 인류가 돌아보면' 유대인 학살과 다름없는 짓을 저지르고 있다는 것을 자각하리라는 논리다. 그는 영국 가디언지와의 인터뷰에서 공장식 축산 시스템을 통해 기계 부품처럼 다뤄지는 동물의 비극에 깊이 공감해 채식주의를 선택했다고 밝혔다. 나 또한 동물권(Animal Rights)을 이유로 현재 철저한 채식주의를 실천하고 있는 사람으로서 많은 공감을 하는 부분이기도 하다.

세계적으로 약 99%의 도축이 이러한 공장식 축산에 의해 이루어지고 있으며 이 과정에서 동물권은 찾아볼 수가 없다. 가령 송아지들의 경우 딱 몸 크기만 한 우리에서 움직이지 못한 채 갇혀 살아야 하는 경우도 흔하며 그 이유는 근육량이 적어야 고기가 맛있기 때문이다. 대부분의 도살장에서는 최소한의 윤리적 배려도 없다. 죽지 않고 의식이 있는 소, 양, 돼지 등의 동물의 껍질을 가차 없이 벗기고 피를 뽑는다. 뒤에서 줄지어 순서를 기다리는 동물들은 먼저 죽어가는 동료가 극심한 고통에 죽을 듯이 울부짖는 소리를 들으며 온몸을 벌벌 떨면서 그 장면을 지켜볼 수밖에 없다.

축산 외에도 다양한 방법으로 동물들은 고통받고 있다. 바버라 J. 킹의 책《동물은 어떻게 슬퍼하는가》에 따르면 동남아나 중국의 곰 사육 농장에서 흑곰은 움직이지도 못하고 평생 누워서 지낼 수밖에 없도록 설계된 철망에서 영구적으로 살아야 한다. 그리고 농장주들은 곰의 쓸개 위치에 금속 추출 관을 꽂아 지속해서 즙을 뽑아낸다. 마취 따위는 없으며 새끼 곰도 예외가 없기에 수많은 곰들은 죽고 싶어도 죽지 못하고 평생 괴로운 삶을 산다. 새끼를 낳은 한 어미 곰이 잠시 틈이 생겼을 때 곧바로 새끼를 죽인 사례(차라리 죽이는 게 낫다고 판단했다고 추정한다.)도 소개된다. 이토록 잔혹한 일들이 벌어지는 이유는 단 하나다. 살아있는 곰에게서 추출한 담즙이 더 가치 있다고 여기는 인간들 때문이다. 단언컨대 지구라는 별에서 인간이라는 종을 제외하면 '잔인함' 또는 '잔혹함' 따위의 단어(개념)는 존재할 수 없을 것이다.

중추신경계가 있는 동물들이 고통을 느낀다는 것은 당연하지만, 인간들이 이것을 애써 외면하는 근거는 동물이 느끼는 고통은 인간의 그것과는 뭔가 달라도 다를 것이라는 생각이다. 그렇게 정당화하는 것이 마음 편하기 때문이다. 하지만 이러한 논리라면 인간보다 훨씬 더 고차원적인 지능을 가진 외계인이 인간을 잔인하게 사육하고 도살하고 먹어도 우리는 할 말이 없다는 귀결로 이어진다. 조나단 사프란 포어(Jonathan Safran Foer)의 저서 《동물을 먹는다는 것에 대하여》에서는 약간 시니컬한 방식으로 이를 비꼬기도 했다.

"상당한 정신적 능력을 지닌 동물을 먹지 마라. '상당한 정신적 능력'이라는 말로 개의 특징을 정의해도 괜찮을 것이다. 그러나 이러한 정의에는 돼지, 소, 닭, 여러 바다 동물까지 들어갈 수 있다. 그리고 심각한 손상을 입은 인간은 제외될 것이다."

물론 모두가 채식주의자가 되기는 아직 어렵더라도 최대한 윤리적인 농장의 수가 늘어나야 한다는 총론 정도에는 대다수 사람이 공감할 것이다. 여기서 최대한 윤리적이라 함은 방목 또는 최대한 넓은 공간에서 동물권을 보장받으면서 살아가고 결국 때가 되어 도살될 때도 최대한 고통 없이 죽는 것이다. 하지만 문제는 실제로 생명 존엄성에 관한 인식이 널리 퍼져 대대적인 보이콧으로 이어지지 않는 이상 무언가 나아지기를 기대하는 것은 순진한 발상에 지나지 않는다.

축산/도살 관련 프로세스에서 동물에 무자비한 학대가 가해지는 단 하나의 이유는 그것이 생산 단가를 낮추는 것이기 때문이다. 급격한 사회 분위기의 전환을 통해 관련 업체들이 큰 위기에 내몰릴 정도가 되지 않는 이상 상황이 나아지기란 거의 불가능에 가깝다. 현재 그나마 희망이라고 할 수 있는 것은 대체육(Cell-based meat) 관련 기술의 발전이지만, 이 또한 비용이 일정 수준 이하로 떨어지기까지는 상당한 시간이 걸릴 것으로 예상된다. 기술 자체도 미트볼이나 햄버거 패티 정도는 실제와 거의 비슷한 맛을 내는 수준에 도달했으나 진짜 스테이크나 구워 먹는 고기의 맛을 내기는 현재의 기술로는 역부족이다.

채식주의 열풍은 선진국의 트렌드

스웨덴에서 유학 중인 한 대학생이 블로그에 올린 글을 보니 스웨덴 친구들 중 채식주의자가 그렇지 않은 사람보다 더 많다고 한다. 같은 학과 친구들 중 절반 정도가 채식주의자라서 본인도 저절로 고기를 먹을 일이 줄었다고 밝혔는데 크게 과장된 이야기는 아닌 것 같다.

실제로 코트라(KOTRA)가 스웨덴 무역 투자 위원회의 조사를 인용한 발표에 따르면, 스웨덴의 30세 이하 인구는 약 20%가 채식주의자이며 간헐적 채식(최소 일주일 한 번 이상)을 하는 사람은 58%에 달했다. CEUTA Group의 또 다른 발표에 따르면, 네덜란드 국민의 경우 현재 약 17%가 채식주의자이며 최근 5년간 채식에 대한 관심도는 645% 증가했다. 스위스의 경우 채식주의자 비율은 약 14%이다. 유럽 내 채식주의자 인구가 가장 많은 곳은 독일이며 대략 800만 명(비율은 10% 정도)의 독일인이 채식주의자라고 한다. 유럽 내 국가별로 육류 섭취를 줄이고 채식 위주의 식습관을 갖는 플렉시테리언(Flexitarian)은 나라에 따라 상이하지만 대략 28%~48%에 달한다고 한다. 그만큼 현재 유럽에서 채식은 거부할 수 없는 거대한 흐름이며 특히 식품 관련 업계에서는 채식이 초 메가 트렌드로 자리 잡았다.

유럽뿐만이 아니다. 지난해 구글에서 'Vegan'에 대한 검색을 가장 많이 한 국가는 호주이며, 코트라 멜버른 무역관의 조사에 따르면 현재 호주인의 약 12% 정도가 채식주의자라고 한다. 이처럼 선진국에서 채식 열풍이 불고 있는 이유로는 동물권, 기후 행동, 건강, 세계 식량 문제가 대표적이다. 채식을 하고 싶어도 막상 꾸준히 실천하지 못하는 사람들은 채식주의자들의 단호한 의지를 높게 사거나 부러워하는 시선도 많다. 한국에서처럼 '특이한 사람'으로 바라보는 시선은 찾아볼 수 없다.

사자와 호랑이도 육식을 하지 않느냐?

동물권을 위해 채식을 한다고 하면 가장 흔하게 듣는 말은 육식 동물도 초식 동물을 잡아먹지 않느냐이다. 하지만 이는 본인의 욕구를 포기할 마음이 없는 것을 공평함이라는 가치에 꿰맞추는 억지에 지나지 않는다. 생명 존중이라는 가치에 아직 무관심하거나 눈 뜨지 못한 상태일 뿐이다.

육식 동물은 자연의 법칙에 따라 오로지 생존하기 위해 다른 동물을 먹는다. 필요한 만큼만 먹으며, 재미로 사냥하거나 다른 동물을 공장에 가두고 평생 고문을 가하지 않는다. 물론 초식 동물 입장에서는 육식 동물이 두려운 존재이지만, 우주와 대자연의 관점에서는 이것은 순리고 질서이다.

카르마는 지적인 생명체의 자유 의지를 침해하거나 자연의 존엄성을 경시할 때 생기는 것이며, 현재 지구상에서 카르마를 끊임없이 쌓고 있는 것은 인간이라는 종밖에 없다는 것은 확실하다.

현재 인류의 보편적인 관점에서 노예 해방이나 여성의 투표권 문제에 찬반 논란이 있다는 것은 말이 안 되는 일이지만, 과거에는 반으로 나뉘어 피 터지게 다투어야만 했던 일이었다. 그렇다면 훨씬 더 진화된 사고로 장착될 미래인들의 입장에서는 수많은 동물을 잔혹하게 고문하고 죽이고 있는 현재의 인류가 유대인 학살과 다름없는 짓을 저지르고 있다고 인식하게 될 것이라는 유발 하라리 교수의 생각은 틀리지 않을 것이라 본다. 잘 짜인 시스템 덕택에 단순히 내 손에 피를 묻히지 않아도 된다는 근거로 수많은 동물의 고통과 죽음이 나와 상관없는 일인지 자문해 보지 않을 수 없다.

4-2. 동물을 사랑한 역사 속 인물들

　개인적으로 천재 예술가 반 고흐와 천재 철학자 니체에서 느껴지는 정서가 매우 비슷하다고 생각한다. 그 둘의 삶과 성향, 그리고 심지어 불행한 마지막까지도 말이다. 사족이지만 국내 출판사 민음사에서 출간한 니체의 《차라투스트라는 이렇게 말했다》 책 표지에 반 고흐의 〈별이 빛나는 밤〉 그림이 그려져 있다. 우연의 일치인지 아니면 사람이 보는 눈이 다 같아서인지는 모르겠다. 어쨌든 이들의 인생을 조명한 각각의 영화도 존재하는데 흥미롭게도 동물을 대하는 두 사람의 마음이 고스란히 투영되어있다.

　반 고흐의 의문의 죽음을 다룬 예술영화 〈러빙 빈센트〉를 보면 살아생전 강가에 가서 보트 위에서 그림 그리기를 좋아했던 반 고흐에 대해 증언하는 뱃사공이 등장한다. 그는 더러운 까마귀가 다가와 반 고흐의 점심을 훔쳐 먹는 데 그 모습을 보며 너무나 행복한 모습으로 미소를 지으며 까마귀가 자신의 도시락을 먹는 모습을 바라보고만 있었다고 증언한다.

벨라 타르 감독의 영화 〈토리노의 말〉에서도 천재 철학자 니체에 관한 유명한 일화가 소개된다. 카를로 알베르토 광장에서 길을 걷다 한 마부가 사정없이 말을 채찍질하는 광경을 보고 곧장 마차로 뛰어가 마부를 말리지만 역부족이라 결국 니체는 말의 목을 팔로 감싸 안고 흐느낀다.

단순히 동물을 사랑했던 두 천재의 일화쯤으로 가볍게 넘길 수도 있지만, 좀 더 조사해 보면 역사상 수많은 성인과 현인이 동물을 사랑했고 또 동물권에 대한 인식을 깊이 했다는 것을 알 수 있다. 아래 관련 발언을 직접 번역하여 모아 보았으니 잠시 감상해 보자.

① **마하트마 간디** - 한 나라의 위대함과 도덕적 진보는 그 나라에서 동물이 받는 대우로 판단할 수 있다. (The greatness of a nation and its moral progress can be judged by the way its animals are treated.)

② **피타고라스** - 인간이 동물을 죽이는 한 계속해서 서로가 서로를 죽일 것이다. (As long as men massacre animals, they will kill each other.) ⇒ *피타고라스는 인간이 다른 동물들과 동족 관계에 있다고 보았고 철저하게 육식과 동물 학대를 금했다.

③ 레오나르도 다 빈치 - 동물을 죽이는 행위가 인간을 죽이는 것과 다름이 없다는 나의 깨달음을 온 인류가 깨닫는 날이 언젠간 올 것이다. (The time will come when men such as I will look upon the murder of animals as they now look upon the murder of men.) ⇒ *앞 장에서 언급한 유발 하라리 교수의 의견과 같다고 볼 수 있다. 15세기에 이런 진보적 발상을 했다는 것이 놀라울 따름이다.

④ 앨버트 아인슈타인 - 인간의 건강과 지구상 모든 생명을 지키는 데 있어서 채식주의를 실천하는 것보다 더 나은 것은 없다. (Nothing will benefit human health and increase the chances for survival of life on Earth as much as the evolution to a vegetarian diet.)

⑤ 엠마뉴엘 칸트 - 동물을 대하는 태도를 보면 그 사람의 본성을 판단할 수 있다. (We can judge the heart of a man by his treatment of animals.) ⇒ *칸트는 18세기에 이미 동물 도살에 대한 문제를 제기한 바 있다. 어쩔 수 없이 도살을 하더라도 고통 없이(painlessly) 해야 한다고 주장했다.

⑥ 아르투어 쇼펜하우어 - 동물에 대한 연민은 한 사람의 선량함을 가늠할 수 있는 직접적인 척도이다. (Compassion for animals is intimately associated with goodness of character.)

⑦ **아나톨 프랑스** - 어떤 이가 동물을 사랑하기 전까지 그의 영혼은 아직 깨어나지 못한 상태에 머물러 있는 것이다. (Until one has loved an animal, a part of one's soul remains unawakened.)

⑧ **제레미 벤담** - 중요한 점은 그들(동물)이 사유를 하느냐, 말을 하느냐가 아닌, 고통을 받느냐이다. (The question is not, can they reason? Nor, can they talk? But, can they suffer?)

⑨ **마크 트웨인** - 인간을 더 알면 알수록 내 개를 더 사랑할 수밖에 없다. (The more I learn about people, the more I love my dog.)

⑩ **맹자** - 짐승이 죽는 것을 보고 죽으면서 우는 소리를 들으면 고기를 못 먹는 것이 도덕 성품이니 도덕 성품이 발달한 사람은 푸줏간을 멀리하는 것이 지혜롭다.

그 외 불교, 힌두교, 자이나교 등 수많은 종교에서 살생을 경계하라는 메시지는 우리에게 익숙하다. 이처럼 많은 종교와 역사상 수많은 현인이 동물을 사랑했고 나아가 '살인'의 개념을 넘어 '살생'을 깊이 경계한 것은 결코 우연의 일치가 아닐 것이다. 그러한 맥락에서 영국의 작가 헨리 솔트(Henry S. Salt)가 책《우리가 동물권을 말하는 이유》에서 남긴 한마디는 깊은 여운을 남긴다.

> "예나 지금이나 소수의 계몽된 사상가들만 친숙하게 알고 있던 진실이 더욱 보편적으로 인식되어야 한다."

현대 사회의 동물 복지

공자도 동물을 사랑했다고 전해진다. 기르던 개가 죽었을 때 제자인 자공에게 거적으로 잘 싸서 매우 정성스레 장례를 치르도록 했다. 원래 수레 덮개용 천으로 싸서 묻어 줘야 하는데 당시 가난 탓에 그리 못 해주어 속상해했다는 유명한 일화가 있다. 아직도 보신탕이란 미개하고 야만적인 음식을 '문화의 상대성'이라는 울타리에 꾸역꾸역 포함시키고 그 끝자락을 붙들고 있다는 것은 2,500년 전 사람보다도 후진적인 의식 수준을 가졌다는 소리이니 무슨 더 할 말이 있겠는가.

현대 사회에서도 문명 선진국일수록 동물 보호와 동물권에 더 민감하다는 사실을 다시 한번 상기해 볼 필요가 있다.

가령 스위스 정부가 가재나 게 같은 갑각류도 고통을 느낀다는 것이 과학적으로 증명된 이후, 갑각류를 산 채로 삶는 것을 법으로 금지한 것을 보면 세심한 배려를 읽을 수 있다. 뉴질랜드는 2015년 세계 최초로 동물이 감응적 존재임을 법적으로 인정한 국가가 되었고 곧바로 동물 복지에 관한 수정 조항을 통과시켰다. 이쯤 되면 동물에 대한 연민과 사랑, 그들의 아픔을 공감하는 능력이 단순한 캐릭터나 성향, 성격, 문화 차이 정도의 의미가 아니라 본질적인 문명의 수준, 야만성과의 거리 또는 한 인간에 내재된 본성이나 진화의 정도와 매우 깊은 연관이 있다는 점을 도출하기는 그리 어려운 일이 아닐 것이다.

＊Note: 한국도 동물보호법이 개정되었으나, 유의미한 진보라기보다는 반려견과 반려묘를 기르는 인구가 늘어나니 정치권에서 그 표를 의식한 수박 겉핥기식 수준에 그친다.

1초 컷을 위해 죽은 말

2022년 KBS '태종 이방원' 드라마 촬영 도중 주인공의 낙마 장면을 찍기 위해서 양 발목에 밧줄을 걸어 말을 고꾸라지게 한 사건이 있었다. 말은 공중에서 회전하여 머리를 바닥에 찧으며 쓰러졌고 나중에 결국 사망에 이르렀다. 사고 영상을 보면 현장에 있던 스태프는 떨어진 스턴트맨에게 달려가고 쓰러진 말은 안중에도 없다. 화면에 1~2초 나오는 장면을 찍기 위해 희생된 말 '까미'는 평생 경주마로 살다가 늙어서 사극에 출연하게 된 것이다. 평생 인간의 오락과 재미를 위해 살다가 죽은 것이다. 처음에 연출진은 낙마 장면을 찍기 위해 늘 쓰이는 관행 정도로 가볍게 여기며 별것 아니라는 태도를 보이다 논란이 일자 결국 KBS 측에서 공식 사과를 했다. 하지만 사과문을 보면 앞으로 낙마 장면을 없애겠다는 것이 아니라 '다른 방식의 촬영 기법을 찾겠다'라고 말한다. 전혀 무엇이 잘못인지 개념조차 잡혀 있지 않고 그저 논란이 일어나니 억지로 사과하는 것이다.

CNN 등 해외 언론에도 동물 학대 비난이 쏟아졌다. 문득 한국을 빛낸 100명의 위인들이란 노래에 '말 목 자른 김유신'이란 가사가 들어간 것이 떠오른다. 술 먹고 말의 목을 자른 것이 자랑이라는 나라에서는 정녕 아직 갈 길이 먼 것인가 싶다. 수백 년 전, 심지어 수천 년 전에 살았던 인물들도 알아챘던 것들을 아직도 모르면서 선진국 반열에 올랐다고 자화자찬을 하고 있으니 말이다.

> "최근까지는 모든 인간이 서로 매우 비슷하다고 가식적으로 주장하는 일이 옳다고 여겨져 왔다. 하지만 사실 눈 달린 사람이라면 나라마다 인간의 평균적 행동 방식이 엄청나게 다르다는 것을 안다."
>
> - 조지 오웰,《진실에 대하여》

4-3. 워터멜론의 의미, 그린 워싱에 대하여

미국의 경제학자 제레미 리프킨(Jeremy Rifkin)은 자신의 책《회복력 시대》를 통해 선진 사회의 방향성이 금융 자본에서 생태 자본으로, 생산성에서 재생성으로 이미 크게 바뀌었다고 보았다. 그만큼 세계적으로 친환경 의식이 높아지고 있고 친환경 물품 사용과 생활 방식이 자리를 잡고 있다. 현대 사회에서 기후 문제는 이제 상식이 되었고 이에 문제를 제기하면 손가락질받는 세상이 되어가고 있다.

하지만 세상 모든 일이 그렇듯 부작용도 만만치 않다. 집단적 사고와 지적 유행은 사람의 시야를 가리기도 하는데 대표적으로 전 세계적인 그린워싱(Greenwashing) 트렌드를 예로 들 수 있다. 그린워싱이란 'Green' 과 'White washing(헐리우드 영화에서 흑인의 얼굴을 인위적으로 하얗게 분장하던 관행)'의 합성어로, 1991년 미국 잡지 《Mother Jones》에서 처음 사용된 용어다. 친환경이라는 키워드가 무시할 수 없는 트렌드가 되자 정치인이나 기업들이 유권자나 소비자를 현혹시키기 위해 사실과 무관하게 친환경 또는 녹색 경영을 표방하는 마케팅 방식을 뜻한다. 즉 실제로 친환경적이지 않지만, 마치 친환경적인 것처럼 홍보하여 경제적 이익을 보는 위장 환경주의다. 가디언(The Guardian)지에서는 이러한 현상을 지적함에 있어 속은 붉은색 겉은 초록색(속은 공산주의 겉은 친환경)이라는 뜻의 Watermelon(수박)이라는 은어를 소개하기도 했다.

가령 스타벅스나 맥도날드 등 거대 음료 및 패스트푸드 체인 기업들의 '플라스틱 빨대 없애기' 등 극히 소소한 보여 주기식 행동이 그린 워싱이라는 손가락질을 받고 있는 대표적인 사례이다. 매년 바다로 흘러 들어가는 약 900만 톤의 플라스틱 쓰레기 중 약 0.03% 정도가 플라스틱 빨대인데, 현대 사회에서 나머지 99.97%에 비해 특정 0.03%가 받는 스포트라이트는 확실히 비정상적이다.

오히려 바다 환경을 더럽히는 가장 큰 원인으로 지목받는 것은 '폐어망'이며 태평양 쓰레기 섬의 약 46%를 차지할 만큼 심각한 문제임에도 대중들의 큰 주목을 받지 못한다. 결국 친환경이라는 키워드가 마케팅 싸움으로 전락했다는 의미다.

환경 운동가 마이클 셸런버거(Michael Shellenberger)의 책 《지구를 위한다는 착각》에서는 종이 가방에 대한 지적도 나온다. 흔히 종이 가방이 비닐봉지보다 더 친환경적이라고 생각하지만, 오히려 종이 가방이 제조 과정에서 탄소를 더 많이 배출하고 종이 가방이 비닐봉지보다 더 친환경적이 되기 위해서는 최소 44회 재사용을 해야 한다는 내용이다. 평소에 쓰레기 배출량을 줄이거나 육류 소비를 줄일 생각을 하지 않고 고상하게 에코백을 들고 다니거나 플라스틱 빨대 대신 종이 빨대를 쓰는 것에 만족감을 느끼는 것은 별 도움이 되지 않고 정신 승리에 지나지 않는다는 뜻이다.

그린 워싱의 사례들

　2021년 유럽연합 소비자보호국(EU Commission and national consumer protection authorities)은 그린 워싱에 대한 보고서를 발표했는데 총 344개의 조사 대상 상업적 웹사이트에서 42%의 기업이 크고 작은 그린 워싱을 하고 있다고 지적했다. 한국에서도 공정위 표시 광고법 위반 기업에 과징금이 부과된 경우의 87.9%가 그린 워싱 사례였다. 이처럼 그린 워싱이 널리 퍼진 이유는 간단하다. 친환경 상품에 약간의 돈을 더 지급할 의향이 있느냐에 대한 질문에 1965~1980년생(Gen X) 소비자는 64%, 1981~1996년생(Millennials) 소비자는 75%가 그렇다고 답했다. 그런 만큼 이윤 창출에 눈이 먼 친환경 코스프레가 우리 일상생활에 깊숙이 들어와 있다는 뜻이므로 이를 구별하는 능력도 필요할 것이다.

　캐나다의 컨설팅 기업 테라초이스(TerraChoice)에서 소비자를 기만하는 그린 워싱의 대표적인 일곱 가지의 유형을 발표했다.

◆ <u>Hidden Trade-off(감춰진 모순)</u>

  - 환경 보호를 위한다고 하지만 다른 환경을 파괴함.

◆ <u>No proof(증거의 부재)</u>

  - 구체적인 정보나 증거 없이 말로만 환경 보호를 한다고 주장함.

◆ <u>Vagueness(모호성)</u>

  - 기준이나 수치 등을 모호하게 하여 소비자를 기만함.

◆ <u>Irrelevance(연관성 부재)</u>

  - 전혀 관련 없는 정보나 수치를 공개하여 소비자를 기만함.

◆ <u>Lesser of two evils(차악)</u>

  - 환경에는 좋으나 소비자의 건강을 해칠 우려가 있음.

◆ <u>Fibbing(거짓말)</u>

  - 수치나 등급 따위를 고의로 조작하는 등의 행위

◆ <u>False labels(위조)</u>

  - 인증받지 못한 녹색 마크를 위조하는 등의 행위

실제 사례

과거 한국을 떠들썩하게 했던 폭스바겐 코리아의 배출 가스 조작 사건도 그린 워싱의 대표적인 케이스다. 그 외 각종 전자 제품들의 에너지 절감 효과 등의 광고들도 실제로 그린 워싱으로 적발된 케이스가 많다. 한 대형 화장품 업체는 종이로 만든 용기를 사용한다고 광고하고 실제로 "HELLO, I'M PAPER BOTTLE(안녕, 나는 종이로 만든 통이야.)"이라는 문구도 대문짝만하게 적어 놓았지만, 알고 보니 플라스틱 용기에 두꺼운 종기 용기를 (도금하듯이) 덮어 씌어 놓은 것이 드러나 여론의 뭇매를 맞기도 했다. 그 외 일상에서 눈에 쉽게 띄지 않는 다른 사례들도 한번 살펴보자.

① **석유 기업** - 일본 교토대학의 연구에 따르면 거대 석유 공룡(Chevron, ExxonMobil, BP, Shell) 기업 4개의 회사가 1965년 이후 지구상 탄소 배출 총량의 10% 정도의 책임이 있다고 한다. 이러한 따가운 눈초리를 잘 알기에 글로벌 석유 기업들도 이미지 제고에 총력을 쏟고 있다. 가령 영국의 석유 기업 BP(British Petroleum)는 자사 이니셜을 이용해 Beyond Petroleum(석유를 넘어서)이라는 슬로건을 내걸고 해마다 수천억 원대의 친환경 마케팅을 하고 있지만, 정작 화석 연료 관련 프로젝트를 줄이지 않는다.

② **금융 기업** - JP모건이나 시티뱅크, HSBC, 골드만 삭스 등 세계적인 은행과 금융 기업들도 지난 수년간 소위 'Green Investment(녹색 투자)'를 외치고 있지만 여전히 석유 회사, 석탄 회사 혹은 삼림 벌채와 관련된 산업에 변함없이 투자하고 있다는 세계 환경 단체들의 지적을 받고 있다. HSBC은행의 경우 나무 200만 그루를 심을 것이라는 광고를 대대적으로 했다가 영국 당국

으로부터 허위 광고 관련 제소를 당하기도 했다.

③ **패션 브랜드** - 대형 패션 브랜드에서도 그린 워싱은 흔하게 일어난다. 합성 섬유를 생산하기 위해 폴리에스테르가 필요하고 이를 위해 전 세계 석유 소비의 약 1.35%가 쓰이고 있다. 기업 이미지를 의식해 글로벌 패션 브랜드도 다양한 친환경 제품을 내놓고 있지만, 영국 내 친환경이라고 주장하는 의류 제품 중 89%는 거짓이나 조작이 들어간 그린 워싱으로 조사된 바 있다. 사실상 다를 것이 하나 없는데 이름만 친환경이라고 붙이는 식이다.

④ **친환경 심사 단체** - 심지어 미국의 대형 마트에 친환경 등급을 부여하는 심사기관(GAP)마저도 자신들의 마크를 상업적 술책으로 이용한 것이 드러났다. 제대로 된 검사를 하기보다 공장이나 농장주들에게 특혜를 주어 최악의 시설에도 최고 등급인 5+를 주는 등의 사례가 적발되어 여론의 뭇매를 맞기도 했다.

⑤ **불가능한 목표** - 최근에는 기업이 미래에 달성하겠다고 하는 목표도 그린 워싱으로 여겨질 수 있다는 것도 트렌드로 자리 잡아가고 있다. 호주의 석유 회사 산토스(Santos)는 연례 보고서를 통해 2040년경에 탄소 중립을 달성하겠다는 목표를 제시했지만, 과학적으로 검증되지 않은 탄소 포집 저장 기술을 활용하겠

다고 밝혔다. 이처럼 애매한 방식으로 소비자와 투자자를 기만하였다는 근거로 호주기업책임원(ACCR)로부터 고소를 당한 바 있다.

⑥ <u>**앞과 뒤가 다른 모순**</u> - 코카콜라의 경우 2025년까지 100% 재활용 가능한 제품 용기를 개발하여 자사 제품에 적용하겠다고 대대적인 홍보를 하였으나 정작 플라스틱병을 반환하면 보상해 주는 정부의 제도(재활용을 아예 못 하게 하기 위해)에는 반대하는 입장을 고수하여 환경 단체의 비난을 받고 있다.

정부나 기관들도 매한가지

정치인들도 유권자들의 환심을 사기 위한 수단으로 친환경을 이용한다. 가령 자이르 보우소나루(Jair Bolsonaro) 브라질 대통령은 아마존 밀림의 불법적인 deforestation(임목 벌채에 의한 산림 파괴)을 근절하겠다고 서약했던 인물이었고, 대통령 후보로 나왔을 당시만 하더라도 환경 문제에 많은 신경을 쓴다는 선전에도 큰 공을 들였다. 그래서 당시 세계적으로 많은 환경운동가들의 지지를 받았지만, 2019년 임기가 시작된 후 태도를 바꾸어 아마존의 산림 파괴는 해마다 그 면적이 크게 늘어나는 등 오히려 더 심해지고 있다. 또한, 적극적인 아마존 개발 정책을 통해 원주민들의 생존권도 무시하는 정책으로 큰 실망을 가져다 주었다. 대표적인 그린 워싱이다.

미국 사회에서는 기후 행동 문제가 뜨거운 감자가 되자 역시 정치인들은 그 기회를 놓치지 않고 국민을 반으로 분열시키는 방식으로 지나치게 정치화시켜 버렸다. 그나마 세계인들이 마지막 희망이라고 바라보는 유엔기후변화협약 당사국 총회(COP)도 겉으로는 세계의 기후 변화에 대응하자는 탈을 쓰고 있지만, 사실상 매년 '손실 및 피해 금융 자금' 사안으로 국가 간 피 터지는 싸움을 하는 각축장이다. 각국 정부 대표들은 온실가스 배출 절감이라는 총론에는 다들 동의하지만, 각론으로 들어가면 탄소 배출 규제에 관한 구체적인 계획보다는 기금 문제에 관한 협의에 열을 올리기 바쁘다.

산업혁명 이후 지금껏 탄소 배출의 책임이 있는 선진국은 갑자기 그린에너지를 이야기하며 개도국의 희생을 요구하고, 발전에 박차를 가하려는 개도국은 손실 보상에 관한 목소리만 높이며 서로 원하는 결과가 나오지 않으면 끝나지 않는 평행선을 달리다 시간은 다 가고 만다.

그 외 교토의정서, 코펜하겐의정서, 지구정상회의, 파리협정 등 수많은 지구 온난화에 관한 정상회의와 의정서가 사실상 유명무실하고 정말로 해야 할 행동은 먼 미래로 미루고 있다. 위기는 그저 미래의 어떤 것쯤으로 느껴져 피부에 와닿지 않고 당장은 유권자의 표가 더 중요한 일이니 말이다.

자연의 사이클인가 인위적인 변화인가

지구의 기후에 변화가 있다는 것은 더 이상 찬반 논란이 크게 없는 사실이다. 하지만 주요 SNS상에서 여전히 견해차가 좁혀지지 않는 쟁점은 태양 복사 에너지나 지구 공전 궤도 변화 등 자연적인 원인에 의해서 일어나는 것인가, 아니면 인간의 활동에 의한 인위적인 변화인가라는 부분이다. 사실 이러한 현상이 생기는 이유는 정보가 제대로 업데이트가 되지 않아서 아직도 과학자들 사이에도 많은 이견이 있다고 잘못 알려지고 있는 경우가 많기 때문이다.

2021년 출간된 빌 게이츠의 저서 《기후 재앙을 피하는 법》에는 기후 변화와 관련한 연구 모델과 시스템이 급속도로 발전하면서 더 이상 이견이 있을 수 없는 수준에 이르렀다고 언급한다.

최근 코넬대학교(Cornell University)에서 실시한 조사를 보더라도 현재 미국과 영국의 과학자 중 약 99.9%가 인간이 기후 변화에 영향을 미친다는 사실에 동의한다는 점도 알 수 있다. 일정 비율 이상 인간에 의해 변화가 이루어지거나 또는 가속화에 영향을 준다는 부분은 기정사실인 듯 보인다. 무엇보다도 설사 기후 위기가 진실이 아니라고 가정하더라도 마구잡이로 이산화탄소를 내뿜고, 공장식 축산으로 수많은 동물을 학대하고, 바다를 오염시키고, 전 세계의 나무를 베는 행동 등이 현재와 같은 수준으로 계속되어도 괜찮다는 것은 말도 안 되는 소리일 것이다.

사실 꼭 '무엇 때문에' 자연과 환경을 보호해야 한다는 것도 우스운 일이지 않은가? 개인적으로 나는 기후 위기론이 진실이든 거짓이든 따위에는 관심이 없다. 다만 자연과 동물이 아프다고 비명을 지르고 있고 우리가 매일 심각한 수준의 미세먼지를 들이마시고 있다는 사실 만큼은 틀림이 없고, 더 나은 방향으로의 변화는 확실히 필요하다는 것만 알 뿐이다.

하지만 또 한편으로는 당장이라도 지구가 멸망할 것 같은 두려움을 심어 주는 종말론적 환경주의자나, 미술관 테러를 자행하는 극단적 환경주의자, 친환경을 이용하여 소비자들을 기만하려는 각종 광고와 선동 등은 오히려 지구를 살린다는 개념에 더 부정적인 인식을 심어 주고 있다는 것은 안타까운 일이다.

미디어의 인형들

2018년 '기후를 위한 학교 파업' 1인 시위로 전 세계적인 유명세를 얻고 본격적인 환경운동가가 된 스웨덴의 그레타 툰베리(Greta Thunberg, 2003년생)는 기후 변화를 사기라고 굳게 믿는 사람들에게는 큰 위협이었다. 전 세계적으로 퍼지는 금발의 어린 여학생의 호소력을 당해 낼 재간이 없었다. 그러던 차에 반 그레타(The anti-Greta) 운동의 선봉을 자처한 독일의 나오미 자이트(Naomi Seibt, 2000년생)가 등장하면서 전 세계 언론은 이 둘을 라이벌 구도로 묘사하기 시작했다. 스위스 다보스에서 열린 세계경제포럼(World

Economic Forum)에서 그레타가 "I want you to panic, I want you to feel the fear I feel every day(나는 당신이 패닉에 빠지길 원합니다. 나는 내가 매일 느끼는 공포를 당신도 느끼길 바랍니다.)"라는 말로 화제를 모으자, 나오미는 "I don't want you to panic, I want you to think(나는 당신이 패닉에 빠지지 않길 원합니다, 나는 당신이 '생각'하기를 바랍니다.)"라는 말로 되받아쳤다.

나오미 자이트가 영어로 유튜브에 올린 영상 'The Power of Youth'를 보면 자신이 전 세계 환경 단체로부터 악마라는 욕을 먹고 있지만, 사실 '비이성과 공황에 대한 광신적 추종의 해독제'라는 점을 강조하고 있다. 하지만 전체적으로 깊은 지식과 경험을 기반으로 설득력 있는 주장을 한다기보다는 선동적인 표현과 수박 겉핥기식의 패턴을 반복하고 있는 한계를 엿 볼 수 있다.

반면 그레타 툰베리의 경우도 미디어에 조종당하는 인형이라는 비난이 있는 것이 사실이다. 가령 유엔(UN) 기후 행동 정상회의에 참석하기 위해 대서양을 건널 때 비행기를 타지 않겠다고 하여 태양광 요트를 이용했지만, 초호화 요트였으며 정작 이를 조종하기 위한 선원들은 비행기를 타고 출발지로 이동하였다는 점으로 비난받았다.

전 세계적인 아이콘이 되었지만, 정작 그레타의 아버지는 딸이 걱정된다고 하는 말을 보면 스웨덴 상류층 집안의 딸이 이용당하고 있다는 지적을 다시 한번 생각해 보게 된다. 지구를 살린다는 개념이 지나친 쇼나 집단적 사고로 전락해서는 곤란하다.

진정한 기후 행동

 2022년 9월 아웃도어 브랜드 파타고니아(Patagonia)의 창업자 이본 쉬나드(Yvon Chouinard) 회장의 기부 소식은 전 세계를 떠들썩하게 했다. 본인뿐만 아니라 부인과 자녀들이 소유한 회사의 지분 100%를 모두 비영리 환경 단체에 기부한 것이다. 한화로 약 4조 2천억 원에 달하는 자산을 모두 기부한 것뿐만 아니라 추가로 약 250억 원의 세금도 납부했다. 그리고 3,650명의 직원에게 쓴 메일에서 그는 "our one and only shareholder is our home planet.(우리의 유일한 주주는 우리가 살고 있는 별이다.)"라는 말을 남기고 세계 부호 리스트에서 자취를 감췄다.

 그의 진심이 담긴 행동은 수많은 사람을 숙연해지게 했고 그 이후 아마존의 창업자 제프 베조스(Jeff Bezos)도 자신의 재산 대부분에 해당하는 한화 약 160조 원을 기후 변화 대응 기금으로 기부하겠다고 발표했다. 개인적인 영달과 무관하게 그저 행동으로 모범을 보이는 억만장자들의 마인드를 보며 진정한 기후 행동의 정신을 다시 한번 생각해 보게 된다.

4-4. 이왕 할 거면 에코 페미니즘으로

몇 년 전 캐나다의 심리학자 조던 피터슨(Jordan Peterson)이 영국 방송사 채널 4 뉴스에 출연해 페미니스트 진행자 캐시 뉴먼(Cathy Newman)과 토론했던 방송은 전 세계적으로 센세이션을 일으켰다. 해당 방송이 온갖 플랫폼을 통해 많이 퍼진 것은 물론이거니와 방송사 공식 유튜브에 공개된 해당 영상의 조회 수가 4천만 뷰가 넘을 정도이니 그 파급력은 어마어마했다. 조던 피터슨 교수는 지극히 상식적이고 빈틈이 없어 전 세계 PC 주의자들과 페미니스트들이 가장 싫어하는 사람 중 한 명이기도 하다. 그런데 그의 말을 자세히 들어보면 안티-페미니즘을 주장하고 있지는 않다. 오히려 인간이 올바른 사회에서 살기 위해서 극단적인 형태의 페미니즘의 어두운 면을 지적하고 있다.

토론을 잘 살펴보면 그는 남에게 영향력을 끼치려고 특정한 방식으로 컨트롤하려고 하는 것은 부패(corruption)라고 말한다. 정치적 올바름이 또 다른 형태의 권력이 되어 급진주의자들이 다양한 형태로 대중을 억압하는 세상의 위험성을 지적하는 것이다.

사실 평등이라는 가치를 표방하고 여성이 평가 절하된 구조를 바로 잡고자 하는 페미니즘은 응원받아 마땅한 사상이다. 하지만 세상 모든 일에는 부작용이 있듯 급진적 페미니즘이나 여성 우월주의와 과감하게 선을 긋지 못해 오해를 사고 있는 점은 안타까운 부분이기도 하다.

아니마와 아니무스

분석심리학자 카를 융의 《인간과 상징》에 소개되는 '아니무스'라는 개념은 여성의 무의식이 인격화한 남성상이다. 여성의 남성성이라니 무슨 뚱딴지같은 소리인가 의문이 가는 독자도 있을 것이다. 아주 쉽고 직관적인 예로 예전에 SNS에 올라와 논란이 된 스토리를 한번 들어 보겠다.

A라는 20대 여성은 오랜만에 친구들과 만나는 자리에 참석했고 남자 친구가 데리러 오기로 했다. 모임이 끝나고 A는 남자 친구에게 차를 멀리 대놓고 걸어오라고 메시지를 남겼다. 그 이유는 다른 친구들의 남자 친구들은 다 외제 차를 타고 올 텐데 자신의 남자 친구는 국산 차를 타는 것이 쪽이 팔린다는 이유였다.

여기서 우리는 남성적 사고방식이 해당 여성의 인식 체계에도 깊이 침투해 있다는 것을 볼 수 있다. '차'라는 물질에 상징을 부여하는 방식으로 우월성 추구와 경쟁을 하는 문화에 은연중에 매몰되어 있는 것이다. 즉 인간의 내면세계는 100% 남성, 100% 여성이라는 것은 존재하지 않으며 남성 안에 존재하는 여성을 아니마, 여성 안에 존재하는 남성을 아니무스라고 한다. ('내향형 인간'과 '외향형 인간'은 있지만 완전한 내향이나 외향은 있을 수 없고 모든 사람이 양면을 다 가지고 있는 개념을 떠올리면 이해가 쉽다.)

일본의 심리학자 가와이 하야오가 "한 쌍의 남녀 관계가 아니마와 아니무스를 포함해서 사실상 총 네 명의 관계"라고 표현한 것은 이러한 역학관계를 한 문장에 담은 기가 막힌 표현이다.

저평가된 여성의 가치

분석심리학에서는 여성의 남성성인 아니무스의 네 단계 발전 과정이 있다고 보는데 이를 요약하면 다음과 같다. (물론 모든 여성이 한 생애에서 이 네 단계를 다 거칠 수 있는 것은 아니다.)

① 단순한 육체적 능력의 인격화
② 주도적으로 계획하여 행동하는 능력
③ 교수나 목사 같은 사람처럼 말을 전하는 능력

④ 의미의 화신 - 삶에 새로운 의미를 부여하는 존재 / 높은 차원
　　의 영성으로 인격화

　가장 발전된 형태의 아니무스인 4단계는 시대를 앞서가는 생각
을 하며 정신적 개혁을 추구한다. 반면 현대 사회의 페미니즘은 주
로 2단계(일부 3단계)를 이상적으로 바라보는 시각이 주를 이루는
경향이 뚜렷하며, 이는 어떤 특정한 직업이나 직군의 비율을 매우
중요시하는 형태로 드러나기도 한다.

　가령 국회의원이나 대기업의 CEO 등 좋은 자리를 차지한 사람의
남녀 비율이 5:5(또는 역전)가 되어야 한다는 식의 발상이다. 기존
의 문제점(남성적 가치)을 지적하면서 사실상 기존의 틀 안에 들어
가려고 하는 모순이다. 근본적으로 남성적 가치가 고평가되어 있
고 여성적 가치가 저평가되어 있는 데서 문제의식을 느끼는 것이
아니라, 낡은 패러다임인 위계적 세계관 내에서 불공평을 말하며
경쟁하려 하는 것이다. 신화학자 조지프 캠벨(Joseph Campbell)이
그의 책《신화와 인생》에서 한 발언을 주목할 만하다.

　"여성들이 남성적 성취의 장에 나서게 된 것은 사실상 여성들이 속
은 것이나 다름없다. (중략) 극적이고 현저한 남성적 활동을 사회가 매
우 강조함으로 인해, 이제는 여성들조차도 오로지 남성적 목표와 미덕
만이 고려할 가치가 있는 것이며 중요한 것으로 믿게 되었다."

이 말에 담긴 의미를 육아나 집안일 등도 신성한 일이라고 여성들을 회유하기 위한 입에 발린 소리쯤으로 해석하면 곤란하다. 오히려 전통적으로 남성적 가치라고 여겨지는 것들의 문제점을 지적하고 유기적인 세계관과 포용 중심 가치의 중요성을 재고해야 한다는 뜻으로 보아야 한다. 혹자는 무슨 뚱딴지같은 소리냐고 반문할 수도 있다. 이해가 쉽도록 예시를 몇 가지 들어 보겠다.

Step 1 올림픽은 지구촌 축제이다. 하지만 50년대 이후부터 올림픽을 통해 국가 또는 이데올로기의 우월성을 강조하기 위한 수단의 성향이 강해졌다. 특히 개발도상국의 경우 금메달 개수 등에 집착함으로써 온 국민의 힘을 집결하기 위한 좋은 수단이 되어 주었다. 반면 진짜 앞선 마인드를 가진 선진국은 금메달을 따는 것도 좋지만, 선수들이 선수 생활을 그만두고 할 수 있는 일이 많은 환경 조성이나 생활 체육의 활성화를 통한 국민 전체의 건강 등에 더 많은 관심을 둔다. 마인드가 완전 이러한 방향으로 넘어가면 그쪽으로(메달 개수 등) 집착하지 않고 온전히 스포츠로 즐길 수 있다.

Step 2 남녀평등이라는 주제만 나오면 흔히 들을 수 있는 세계 1,000대 기업의 최고경영자 남녀 비율 등을 따지는 상황을 떠올려 보자. 이때 가령 "환경 파괴의 주범인 글로벌 석유 기업들의 CEO가 되고 싶은가?"라는 식의 질문을 던져 본다면 어떨까. 만약 지각 있는 사람이라면 싫다고 답을 할 것이다. 그렇다면 '하고 싶지도 않은

데 왜 비율을 따짐에 있어 이러한 기업이 포함되어야 하는가?'라는 식의 마인드가 가능해진다. 인식의 틀 자체를 바꾸지 않고 기존의 세계관에만 들어가서 비율과 숫자 싸움을 해야만 하는가에 대한 의문이다. 꼭 석유 기업뿐만이 아니라 다양한 방식으로 응용이 가능한 논리다.

Step 3 이번엔 정치로 넘어가 보자. 미국의 정치학자 앤 노튼(Anne Norton)은 자신의 책《정치, 문화, 인간을 움직이는 95개 테제》에서 "공동의 정체성에 충성한다는 것은 다른 모든 타자들에게서 분리된다는 것, 그리고 어떤 사람은 배제하고 타자들에게 적대감을 갖는다는 뜻이다."라고 지적했다. 그렇다면 이런 질문을 해볼 수 있다. 어느 한쪽이 빛을 자처하고 다른 쪽을 어둠으로 인식하는 천박한 세계관을 가진 집단에 들어가고 싶은가? 혹자는 그러기에 틈을 비집고 들어가서 세상을 바꿔야 하지 않느냐고 반문할 수도 있다. 하지만 그렇다면 자신의 마인드부터 먼저 바뀌어야 하지 않겠는가? 어차피 같은 마인드라면 생물학적인 성별의 다름은 아무런 상관이 없다. 오히려 더 높은 시선을 가지게 되면 정치인 비율이 더 많은 쪽이 더 수치스러워해야 할 일이라는 것을 깨닫는다.

2022년, 노벨문학상을 받은 여성 작가 아니 에르노(Annie Ernaux)가 노벨상이라는 전통에 얽매이는 것은 남성적 가치라고 폄하하며 마뜩잖은 감정을 굳이 드러낸 것도 같은 맥락에서 볼 수 있다. 정치

권력이나 CEO, 금메달, 권위 있는 상 등 우리가 '전통적인 영광'이라고 여겨 왔던 가치들이 추앙받는 문화의 허구를 깨닫게 되면 굳이 5:5로 비율을 맞추려고 기를 쓸 필요가 없다. 오히려 4단계(삶에 새로운 의미를 부여하는 존재), 즉 한 차원 더 높은 곳을 바라봐야 여성적 가치(생물학적 여성을 뜻하는 것이 아니다)가 지배하는 패러다임으로 전환할 수 있다는 것을 알게 되기 때문이다.

기계론적 세계관을 기반으로 하여 외적으로 보이는 모습을 중시하도록 교육받고 자라난 현대인들은 내적 팽창의 개념을 잘 이해하지 못한다. 더 높은 자리, 더 좋은 차, 더 넓은 집, 더 높은 연봉 등 당장 눈에 보이는 것만이 가치 있다고 여겨지니 오로지 그것을 위해 경쟁하는 구도가 만들어진다.

하지만 인류 역사상 가장 훌륭한 인물이라고 일컬어지는 사람들은 결국 내적 팽창의 극에 도달한 인물들이다. 가령 예수, 석가, 공자, 소크라테스 등의 인물이 수천 년이 지나도 최고의 존경을 받는 이유는 우리의 무의식 속에 '진정한 탁월함'의 가치를 인식하는 안테나가 분명히 있다는 증거다. 다만 그러한 본능이 물질적 세계관에 잠식당하여 평소에 잘 알아차리지 못할 뿐이다.

사실상 보이는 것이 아닌 보이지 않는 것이 세상을 지배한다는 것을 알게 되면 정복과 경쟁 중심의 세계관에서 통합과 포용 중심의 세계관으로의 이동이 조금 더 쉬워질 수도 있다. 결코 육아와 살림 정도가 여성적 가치라는 이야기가 아니라, 더 큰 포용적 마인드를 기반으로 기존의 사고방식을 뛰어넘는 혁신적인 개념과 질서를 만들어야 가치의 틀을 재편할 수 있다는 것이다. 내가 만약 페미니스트라면 이러한 마인드를 기반으로 여성운동을 했을 것이다. 물론 숲을 보지 못하고 나무만 보고 있는 것을 지적할 때 어떤 이는 일단 나무라도 먼저 봐야 하지 않겠느냐고 반문할 수도 있겠지만, 그것이 핵심이 아니라는 사실을 뒤집을 만큼 힘이 있는 의문은 아니다.

에코 페미니즘

나는 이왕 할 거면 에코 페미니즘을 하라고 추천한다. 에코 페미니즘은 여성 해방과 자연 해방을 동시에 추구하는 사상이다. 환경 문제를 제도적 차원에서만 접근했던 환경주의를 거부하고 사회 전체의 근본적인 변화를 촉구한 생태주의(ecologism)의 에코가 페미니즘과 결합된 용어다. 인간이 자연을 파괴한 방식이 남성이 여성을 억눌러왔던 방식과 유사하다는 세계관이며 위계적이고 이분법적인 사고를 비판한다. 남성과 여성, 자연과 인간, 동양과 서양 등 이원적으로 나뉜 개념이 사실 모든 것은 결국 하나이고 조화와 균형을 통해서만 이상적인 통합이 가능하다는 관점이다. 진정한 생명의 가치와 평등의 가치를 추구하고 패러다임의 진화를 바라본다. 마리아 미즈(Maria Mies)의 저서 《에코 페미니즘》에 나오는 한 대목을 살펴보자.

> "여성학이 여성 해방의 도구가 되고자 한다면 우리는 실증적·양적 연구 방법론을 무비판적으로 사용해서는 안 된다."

기존의 질서 내에서 양적 경쟁을 추구하려는 세계관이 아니라 현재의 시스템 자체에 문제가 있을 수 있음을 지적한다.

사실 에코 페미니즘은 내부 논쟁도 치열하기 때문에 정확히 정의를 내리기는 힘들지만, 내가 인식하는 바로는 단순히 여성만을 위한 운동이라기보다 성장 중심의 패러다임에서 균형과 조율 중시로 진화하고 생명과 자연환경을 생각하여 페미니즘을 친환경, 동물보호 등의 개념으로 확장시킨다. 생태주의와도 맞물려 있으며 모든 것이 전일적이고 유기적이라는 궤를 어느 정도 꿰뚫고 있어 공존의 가치를 지향하고 있다. 그리고 에코 페미니즘적 시각에서 환경을 바라보는 관점을 보면 본질을 중시하는 그 특성도 엿 볼 수 있다.

> "비싼 돈을 들여 벌이는 환경운동은 환경운동이 아니라 애초에 환경 자체를 보존하는 것이 중요하다."

이러한 사고방식에서 출발한다면 여성운동을 바라보는 관점도 바로 핵심으로 들어가는 것이 어쩌면 자연스럽게 느껴진다. 기존의 패러다임에서 남성과 여성이 양적으로 경쟁하는 구도는 답이 아니라고 보고, 아예 프레임을 바꿔 진정한 의미의 여성적 가치를 지향하고 그 '포용성의 우월함'을 증명한다는 것이다. 젠더 구분과 대립

경쟁적 사고가 중심인 래디컬 페미니즘과는 확실히 차이가 있다.

자연과 상대를 정복하려는 양의 에너지의 시대는 저물고 있다. 기존의 남성적 이데올로기에서는 여성성이 열등하다고 여겨왔지만, 사실상 여성성이 모든 것을 아우르고 포용하는 생명의 원형이자 만물의 근원, 대지의 어머니(Great Mother)의 기운이라는 것을 파악하는 것이야말로 진짜 여성들이 깨어나는 것이다. 그것이 바로 아니무스의 네 번째 단계, 새로운 가치를 창조하는 의미의 화신이 되는 과정이다.

4-5. 육지는 정복, 바다는 포용

버락 오바마(Barack Obama) 미국 전 대통령이 임기를 마치고 백악관을 떠나기 얼마 전, 미국의 잡지 더 아틀란틱(The Atlantic)은 '오바마는 바다 대통령(Obama: The Ocean President)'이라는 논설을 게재한 바 있다. 하와이에서 서핑과 스노클링을 하며 유년 시절을 보낸 오바마가 재임 기간 중 해양 보호에 그 어떤 대통령보다 많은 관심을 기울였기 때문이다. 해양 환경 보호에 지대한 관심을 보였고 불법 조업이나 해양 오염 등의 이슈에 매우 엄격했던 반면, 임기 동안 지정했던 해양 보호 구역이 다른 대통령의 약 4배 이상이었다고 한다. 해당 글에는 미국 국립해양대기청(NOAA)의 해양 생물학자 제인 루브첸코(Jane Lubchenco)가 오바마 행정부의 외교 정책에는 항상 바다(Ocean)가 중심축이었다고 언급했다는 내용도 나온다.

이 부분만 본다면 기자가 애초부터 '오바마'와 '바다'라는 두 키워드를 주제로 글을 쓰기 위해 필요한 내용을 적절히 조합한 것은 아닐까 하는 의심이 완전히 사라지지는 않는다. 하지만 헬렌 로즈와도스키(Helen Rozwadowski)의 책 《처음 읽는 바다 세계사》에서도 오바마의 바다 사랑에 대한 언급이 나온다. 2008년 미국 대선 직후 오바마 당시 당선인이 들고 있던 시집이 노벨문학상 수상자이자 바다를 노래했던 시인 데릭 월컷(Derek Walcott)의 시집이었고, 그 다음 날 영국의 더 타임스(The Tiems)지는 당선 축하의 의미로 진정한 역사는 바다에 숨겨져 있다는 의미인 데릭 월컷의 시 《바다는 역사(The Sea is History)》를 게재했다. 어쩌면 오바마 전 대통령은 늘 저평가된 바다의 중요성을 누구보다 잘 알고 있지 않았나 싶다.

대항해 시대부터 이어져 온 주도권

현재 우리 사회에서 매우 중요한 단어 '트렌드'는 동향이나 추세를 뜻하지만, 이는 16세기에 항해를 하는 선원들 사이에서 해류의 흐름에 따라 몸을 맡긴다는 뜻으로 쓰이던 말이다. 여기서 알 수 있듯이 바다가 상징하는 것은 개척 정신, 창의성 그리고 도전이다. 그뿐만 아니라 《일리아스》와 《오디세이아》의 작자 호메로스(Homeros)가 바다에 만물의 생성 원리가 있다고 했듯이 땅이 지배의 원리인 반면 바다는 포용의 원리이기도 하다. 이처럼 '핵심'인 바다를 '변방' 취급한 대가는 역사가 증명한다.

사실 유럽 사회가 15~16세기 이전까지는 학문이나 기술 등 대부분의 분야에서 동아시아 문명권에 비해 후진성을 면하지 못했다는 것은 거의 이견이 없을 정도로 전 세계 역사학자들이 인정하는 부분이다. 당시만 하더라도 세계의 중심은 동아시아였지만, 헤게모니가 넘어간 가장 큰 이유는 유럽이 해상 진출에 열을 올릴 때 중국을 포함한 아시아는 해양을 경시했기 때문이다.

그렇게 펼쳐진 대서사시, 대항해 시대는 인류의 역사를 송두리째 바꾸었다. 포르투갈의 엔히크 왕자, 스페인의 콜럼버스, 바스쿠 다 가마, 마젤란 등 호기심과 용기 그리고 도전 정신을 기반으로 전 세계를 누비며 탐험했던 개척자들은 국제 질서를 완전히 변화시켰다. 그전까지는 지역적으로 한정된 교역이 주를 이루었지만, 대항해 시대 이후 각 문명권과 대륙이 본격적으로 연결되기 시작해 무역이라는 개념이 생겨났다. 1602년 동인도회사를 설립한 네덜란드는 투자한 만큼 책임을 지고 이익을 분산하는 법인의 개념을 최초로 만들고, 이 시스템은 암스테르담에 최초의 주식거래소가 만들어지는 것으로 이어졌다.

이러한 일련의 사건들이 이어져 형성된 거대한 물결은 결국 유럽 내 과학과 철학의 급격한 진보로도 이어졌고, 이때 주도권을 틀어 쥔 서양 문명이 여전히 전 세계의 패권을 쥐고 있다.

한국의 육지 편향 사고

대한민국에서 배출한 최초의 국제기구 수장은 이종욱 세계보건기구(WHO) 전 사무총장이다. 그 후에는 모두가 잘 알고 있는 반기문 유엔(UN) 전 사무총장이 있다. 하지만 대한민국의 세 번째 국제기구 수장은 그리 잘 알려져 있지 않다. 바로 유엔 국제해사기구(IMO)의 임기택 사무총장이다. 2015년 당선되어 2016년 1월에 임기를 시작하였고, 중간에 한 번 연임에 성공하여 현재 한국의 유일한 국제기구 수장이기도 하다. 영국 런던에 위치한 국제해사기구는 해양 관련 문제의 심의나 조약 등을 포함하여 전 세계 바다와 항만, 선박, 해양법, 해양 환경 등과 관련한 거의 모든 일을 다룬다. 그래서 흔히 IMO 사무총장을 전 세계의 '해양 대통령'이라 칭하기도 한다.

한국인 중 이러한 국제적인 인물이 있음에도 불구하고 일반 대중들에게는 매우 생소할 것이다. 그만큼 지나칠 정도로 육지 중심 사고에만 익숙해져 있다는 뜻이다. '해양사'라는 단어는 따로 존재하지만, '육지사'란 말은 없다는 것 자체가 육지 편향성(terrestrial bias)을 대변한다. 간혹 바다를 지배하는 자가 세계를 지배한다는 말을 하면서도 진정으로 의미를 담아서 하는 사람은 없다. 그저 특별한 상황에 맞게 설계된 공허한 레토릭일 뿐이다. 설사 바다를 다룬다 해도 바다의 역사는 어느 뛰어난 모험가 또는 어느 특별한 해군 제독 정도가 감초 역할을 할 뿐이다. 마치 미국의 일부 기업들에서 소수 인종 쿼터를 맞추기 위해 특정 비율의 직원을 아시아인과 흑인으로 적절히 채우는 것처럼 늘 변두리에 있는 것이다. 선원 등 바다를 삶의 터전으로 하는 사람은 일반적으로 배에서 힘든 노동을 하는 천한 형태의 삶 정도로 인식되어지는 것은 말할 것도 없다.

국제해사기구(IMO)의 통계에 따르면 지구상 전체 물류 운송의 약 90%를 해상(선박) 운송이 담당한다. 한국의 경우는 특히 무역의 존도가 높아 전체 화물의 약99.8%가 선박으로 운송되고 있다. 에너지, 곡물, 기초 자원, 공산품, 수출입 화물, 원자재 등 우리 생활에 필요한 거의 모든 자원과 필수품이 바다를 통하고 있다.

그뿐만 아니라 1960년대, 1인당 연간 국민소득이 60달러가 조금 넘는 참혹한 수준의 경제 상황에서 해운업이 가져다준 외화는 국가 발전에 지대한 공헌을 했다. 한국인 선원이 외국 선박에서 근무하는 것을 선원 송출이라고 하는데 1980년대 초 송출을 통해 선원들이 국내로 송금한 외화는 한국인 해외 취업자 전체가 국내로 송금한 외화의 약 38~39% (통계: 한국 선원 선박 통계 연보) 수준에 달한다. 다른 선진국에서 해운 산업이 발전했던 흐름을 보면, 활발한 무역을 통해 선박이 늘어나고 자연스레 선원 수도 늘어나는 형태였다. 하지만 1960~70년대 한국의 경우는 마땅히 탈 만한 배조차 없어 먼저 외국 선박에서 기술을 익힌 선원들이 육상으로 진출하여 거꾸로 국가의 해운업과 조선업이 발달하는 데 크게 기여했다. 세계 조선업 1위와 해운업 5위는 우연히 만들어진 것이 아닌 것이다.

앞서 언급한 유엔 국제해사기구의 임기택 사무총장도 한국해양대학교 항해학과를 졸업하여 젊은 시절 약 6년간 선박 항해사(선원)로 근무한 이력이 있다. 이처럼 현재 한국의 국부와 위상에 해양관련 산업이 엄청난 기여를 했음에도 불구하고, 그 공로와 정당한 평가가 부족할 뿐만 아니라 이에 대한 국민의 전반적인 의식이 매우 낮은 것이 현실이다.

한국과 영국의 공통점

《땅과 바다》의 저자 칼 슈미트(Carl Schmitt)는 땅을 기반으로 하는 인간이 바다로 그 영토의 개념을 확장한 최초의 국가는 영국이라고 말한다. 해가 지지 않는 나라는 그렇게 탄생했다. 그런데 흥미로운 점은 바다라는 주제에 관해 한국과 영국의 공통점이 몇 가지 있다는 사실이다. 우선 양국 모두 국가의 전 역사를 통틀어 가장 추앙받는 무인은 바다를 지킨 사람들이다. 우리는 이순신 장군이고, 영국은 넬슨 제독이다. 영국의 경우 런던의 중심인 트라팔가(Trafalgar) 광장에 하늘 높이 치솟아 있는 넬슨 제독의 동상이 그 위상을 증명하고 있으며, 한국도 서울의 중심 광화문 광장 한가운데 커다란 이순신 장군의 동상이 그 위용을 자랑하고 있다.

양국 모두 가장 상징적인 공간의 중심에 바다와 함께하고 똑같이 배 위에서 유명을 달리한 명장의 동상이 자리를 잡고 있다. 이는 전 세계적으로 극히 드문 현상이다. 한때 세계 조선업의 중심은 영국이었고 1990년대 이후부터는 한국이 그 위상을 굳건히 지키고 있는 점도 그렇다. 심지어 양국의 영토 크기마저도 비슷하다. (한반도 220,847㎢ 영국 242,495㎢) 어쩌면 우리 국민들이 해양의 중요성에 대한 전반적인 인식을 제고한다면 세계 해양 역사를 다시 쓸 잠재력은 충분하다는 의미다.

다만 새로운 시대의 해양 실크로드는 과거와 같은 정복과 지배의 형태가 아닌 포용과 상생 중심의 접근이 필요할 것이다. 바다는 어떤 물도 마다하지 않고 묵묵히 다 받아들여 거대한 대양(大洋)을 이룬다'는 해불양수(海不讓水)의 뜻을 기억하면서 말이다.

"내가 사람들을, 특히 나 자신을 어디로 인도하기를 원한다고 생각하나? '먼바다'라네."

- 빈센트 반 고흐, 《반 고흐, 영혼의 편지 2》

CHAPTER

5

관점 전환

5-1. 아일랜드 사람들은 일요일에 술을 마신다

시드니에서 회사에 다니던 당시의 일이다. 나와 핀란드인, 영국인 동료 셋이 점심을 먹던 중에 유럽 특유의 우스갯소리를 듣고 빵 터진 기억이 있다. 믿거나 말거나이지만 Irish(아일랜드 사람)들은 일요일 밤에 술을 가장 많이 마신다는 것이다. 우리가 주로 금요일이나 토요일에 많이 마시는 것과는 반대인데 그 사고방식의 로직(logic)은 대강 이렇다. 가령 토요일 밤에 술을 진탕 먹고 일요일(개인 시간)에 술에 절어 있는 것은 시간이 아깝기 때문에 차라리 일요일 밤에 술을 먹고 월요일(근무 시간)에 숙취를 감당하겠다는 마인드다.

이 얼마나 효율적인 발상인가? 물론 근무 시간에 술에 절어 있는 것을 개인적으로 추천하고 싶진 않지만, 적어도 그 발상의 전환만큼은 매우 신선하다. 아닌 게 아니라 이 말을 듣기 전까지 단 한 번도 생각해 본 적 없었던 관점이다. 불교에서 말하는 일체유심조(모든 것이 마음먹기에 달렸다)를 그야말로 생활 속에서 실천하고 있는 아이리시(Irish)들이다.

관점 전환

한 심리학 연구에 따르면 올림픽에서 은메달을 딴 선수들보다 동메달을 딴 선수들이 더 행복감을 크게 느낀다고 한다. 동메달을 딴 선수들의 행복 지수는 금메달(100%)을 딴 선수의 71% 정도였지만, 은메달을 딴 선수들의 행복 지수는 약 48% 정도에 그쳤다는 것이다. 이처럼 생각과 감정을 결정하는 데 있어서 가장 중요한 것은 사안을 보는 관점이다. 그리고 관점이 바뀌면 이것이 곧 현실이 바뀌는 것으로도 연결되는데 이와 관련해서도 재미있는 실험이 있었다.

하버드대학교 연구팀은 대형 호텔 두 곳의 청소부들 중 뱃살이 많고 혈압이 높아 전반적으로 건강 상태가 좋지 않은 사람 84명을 선발했다. A 호텔의 청소부들에게는 지금 하는 청소가 얼마나 살을 빼고 운동 효과를 내는지 세세한 교육을 진행했다. 즉 이불 개기, 화장실 청소 등 각각의 액티비티마다 어디에 효과가 있고 몇 칼로리가 소모된다는 식의 철저한 교육이었다. 반면 B 호텔의 청소부에게는 아무런 교육을 실시하지 않았고 평소 하던 일을 그대로 하도록 했다. 물론 두 호텔 직원 모두 일과 관련된 부분 외에 다른 생활에는 아무런 변화를 주지 않도록 했다.

4주 후, A 호텔의 청소부들은 모두 체지방과 허리둘레가 줄고 혈압도 평균 10mmHg 정도가 떨어지는 등 건강 상태가 개선된 것이 드러났지만, B 호텔의 직원들에게는 아무런 변화가 없었다. 이를 분석한 연구원은 우리가 어떤 생각을 하느냐에 따라 분비되는 화학 물질이 유전자의 단백질 합성에도 관여하여 똑같은 행동을 해도 다른 결과가 나올 수 있다고 설명했다.

관점 전환은 '성찰'의 도구가 되기도 한다

교만이 많은 사람일수록 다른 이에게서 나타나는 교만을 더 싫어하는 것은 진리이다. 즉 타인이 나의 거울이라는 말은 으레 하는 좋은 소리가 아니라 본인의 마음 상태를 설명하는 도구로서 중요한 함의를 가진다. 이처럼 한 발짝 더 나가서 전체 그림을 보게 되면 얼핏 이해하기 어려운 타인의 행동이 이해가 갈 수도 있고 때로는 나를 돌아보는 계기가 되기도 한다. 그리고 사람의 성격을 근원적으로 바꾸기는 매우 어렵지만, 관점이나 생각의 틀을 바꾸어 자신에게 유리한 환경으로 전환하는 것은 얼마든지 가능하다.

또 상황을 긍정적으로 받아들이면 스트레스도 적어지는데 이것이 진정한 의미에서의 정신 승리이지 않을까 싶다. 즉 성격이 바뀌는 것이 아니라 생각의 틀을 바꾸는 것이고 이를 리프레임(reframe)이라고 한다.

관점 이동을 커뮤니케이션에 적용하기

관점 이동 능력은 타인의 관점을 이해하는 인지적 능력으로 자신의 것과는 다른 타인의 선호, 의도, 신념 등을 파악하는 능력이다. 이는 내가 보는 관점에서 상대를 보는 것이 아니라 상대방이 보였던 행동을 고려하여 다음 행동이나 숨겨진 의도 등을 추론하는 것이다. 뉴욕 경찰국(NYPD)의 교육 프로그램 중 실화를 바탕으로 한 스토리를 예로 들어보자.

뉴욕 지하철에 26세 남성이 플랫폼에 있었고 그 남성은 지적장애가 있는 사람이었다. 그 옆에는 20대 초반의 젊은 여성이 아기를 안고 열차를 기다리는데 남성이 갑자기 아기를 낚아채고 역내의 청소도구 창고에 들어가 안에서 문을 잠가버린 사건이다. 약 2~3분 정도 후에 뉴욕 경찰들이 도착했고 문을 쾅쾅 두드리면서 Open up, Open up(문 열어, 문 열어)를 외친다. 일단 열쇠는 손에 넣었지만, 아기가 인질로 잡혀 있으니 섣불리 행동할 수도 없는 상황이었다. 이때 남성은 안에서 계속 같은 말을 중얼거리고 반복한다. "If this child is an angel, I will love this child. If this child is a demon, I know what I have to do(만약 이 아기가 천사라면 나는 이 아기를 사랑할 것이다. 만약 이 아기가 악마라면 나는 내가 무엇을 해야 할지 알고 있다.)" 문밖에 있던 경찰들은 그 아기가 천사라고 설득하지만, 남성은 그걸 어떻게 증명할 것이냐며 더 화를 내고 고함을 지른다. 뒤늦게 도착한 협상 전문가는 이 상황을 파악하고 조용히 한마디를 건넸고 이내 그 남성은 조용히 문을 열고 나왔고 아기는 무사했다.

> "네가 악마로부터 세상을 구하고자 하는 마음은 이해한다. 우리 뉴욕 경찰도 너처럼 세상을 구하려고 하는 팀이야. 밖으로 나와서 같이 세상을 구해 보지 않을래?"

  그 사람의 정신세계에서는 자기가 세상을 구해야 하는 사명을 가진 사람인 것이라는 것을 즉각 파악하고 그 마인드로 들어가서 대화를 한 것이다.

  이처럼 커뮤니케이션에서 화룡점정의 역할을 하는 것은 관점 이동을 통해 상대방의 내면을 파악하는 것이다. 이러한 원리를 이해하게 되면 상대가 하는 말과 행동의 숨은 의도를 잘 파악할 수 있고 상황을 나에게 유리한 방향으로 돌리는 형태의 커뮤니케이션이 가능해질 수도 있다.

5-2. 정상화 편향과 안전불감증

2022년에 일어난 이태원 참사는 단일 사건으로는 세월호 이후 최대 참사였다. 당시에 나는 왜 이런 사건이 잊을만하면 반복되는가 곰곰이 생각해 보다가 문득 정상화 편향이라는 단어가 머릿속을 스쳐 지나갔다. 심리학 용어 중 하나인 정상화 편향(Normalcy bias)은 눈앞에 닥친 위기나 현실을 믿지 않거나 축소하게 만드는 인지 오류다. 실제 상황이 아무리 심각해도 그 정도를 과소평가하려는 경향성은 문제를 직시하기가 싫거나, 두렵거나 혹은 감당할 자신이 없기 때문에 애써 못 본 척해 버리려는 두뇌의 특성에서 기인한다. 이러한 메커니즘은 인류가 진화의 과정을 겪으면서 내재된 유전적인 부분도 있지만, 사회에서 규정한 틀과 이미 형성된 상황이나 관성에서 벗어나지 못하도록 교육받은 영향도 크다고 본다.

2014년 세월호가 침몰할 당시 탑승객 전원이 크게 동요하지 않고 조용히 선실에서 대기를 하고 있었다. 세상은 선장의 잘못된 지시 때문이라고 입을 모았지만, 이 사회가 구성원들에게 어떤 상황에서도 순응만 하도록 키웠다는 점을 되돌아보려고 하지는 않는다. 물론 이따금 그런 점을 지적하는 지식인들의 발언도 있었지만, 깊은 성찰을 위한 실제적이고 실천적 담론이 제시되지는 못했다. 결과론적인 이야기이긴 하지만, 선장의 말을 의심하고 구명조끼를 입은 채 바다에 뛰어들 생각과 이를 실제 행동으로 옮기는 학생이 있었다면, 그리고 이에 동조하는 무리가 최소 10명만 되었다면, 그들이 전체의 분위기를 완전히 바꿔 버렸을지도 모른다.

하지만 문제는 이를 주도할 만한 성향을 가진 학생들이 있었다고 가정하더라도, 이 사회에서는 그 기질을 철저히 죽이도록 교육받으면서 자랐을 것이다. 한국 사회에서는 모든 방면에서 '정상'의 범주 안에 들지 않으면 '유별난 사람'이라는 소리를 수도 없이 들을 스트레스를 감내해야 하기에 주어진 범주를 벗어난 생각을 하는 것 자체가 쉽지 않다. 이것으로 인한 문제는 사회에서 흔히 통용되는 '정상'이라는 범위의 세팅 값이 잘못되어도 사람들이 그것이 '비정상적 상황'이라는 인식을 하기 어렵게 만들어 버린다는 것이다. 가령 좁은 길에 수많은 인파를 보고도 위험성과 두려움의 감정을 충분히 느껴야 할 만큼 느끼지 못하게 될 수가 있다. 잘못된 사회 분위기와 정상화 편향, 그리고 안전불감증 이 세 가지 요소는 상당히 밀접한 연관이 있을 수 있다.

언론이 우매하면 국민이 고생한다

사회 자체가 정상화 편향에 깊이 빠진 상태에서는 특정 상황을 과소평가하는 것이 정상의 세팅 값이 될 수가 있다는 점을 짚어 보았다. 결국 사회의 지식인들이 제대로 된 역할을 해주지 못하면 국민들이 피해를 본다는 말과 다름없다.

아니나 다를까 이태원 사건이 터지자 한국의 언론은 사전에 준비를 제대로 하지 못한 정부 당국을 비판하기 시작했다. 과연 대한민국의 언론이 그런 말을 할 자격이 있을까? 내가 볼 땐 대형 참사가 일어날 때마다 늘 제삼자의 입장을 취하는 언론들이야말로 정신 구조 조정을 받아야 할 대상 1순위다. 자신들이 가진 힘과 영향력을 늘 일차원적이고 자극적인 일에만 쏟을 뿐, 정작 사회의식 구조를 개선하기 위해 어떤 영향력을 발휘해야 하는지 한 발짝 앞선 생각은 하지 못한다. 나의 이전 저서 《글로벌 리더를 위한 암호》의 '공공의 안전을 대하는 태도' 편에 소개된 내용을 인용하면서 사회 지식인으로서 언론의 역할을 다시 한번 짚어 본다.

"내가 호주에 있을 때, TV 채널을 돌리다 보니 한 뉴스 채널에서 토론 프로그램이 진행 중이었는데 그 내용은 대략 이랬다. 파라마타(Parramatta)는 시드니의 제2의 중심가(CBD)이고 고층 빌딩이 많은 지역인데 이 지역에서 큰 화재나 재난이 일어난 적이 아직은 없다. 하지만 이렇게 사람이 많고 고층 빌딩이 많은데 만약 재난이 일어나면 어떻게 대처할 것인가에 관해 소방청의 관계자들과 각 분야의 전문가들이 나와서 대책을 논의하는 중이었고 이것이 생방송으로 나오고 있었다. 오랜 호주 생활에 적응이 된 나였지만 여전히 신선한 장면이었다. 당장 무슨 일이 난 것도 아닌데 미리 이런 걱정을 하고 또 이를 주요 방송사가 생방송 토론 주제로 편성해 줄 정도로 시민들의 생활과 안전에 진심으로 신경을 쓰고 있다는 방증이다. 안타깝지만 한국의 경우라면 무슨 일이 터지고 난 뒤에야 부랴부랴 대책을 논의하는 분위기가 항상 반복될 뿐 아니라, 당장 아무런 사건 사고가 없는데 주요 언론이나 방송사가 이러한 주제로 관심을 가지고 생방송을 편성할 리가 만무할 것이다."

이 사례를 통해 알 수 있듯 언론이 정상이 되어야 그 사회의 기준이 정상화되는 데 큰 도움이될 수 있다. 평소 아무 생각 없이 있다가 불행한 사건이 터지면 무조건 처벌할 대상을 찾기에 여념이 없는 과정에서는 진실과 거짓이 아무런 의미가 없다. 언론은 언제나 한껏 장전된 비난의 화살을 쏠 만반의 준비를 갖추고 있을 뿐이고 대중들이 이런 천박한 문화에 동조해 주는 것을 멈춰야만 미디어가 변화할 희망이라도 가져볼 수 있다.

사고방식의 전환

한국의 길거리를 걷다 보면 눈에 보이는 모습은 확실히 일류 국가가 맞다. 잘 갖추어진 인프라나 화려한 빌딩으로만 보자면 확실히 그 어느 나라에도 뒤지지 않는다. 하지만 정말로 그 속내도 그런지는 의문이 든다.

가령 지하철의 스크린 도어를 예로 들어보자. 많은 한국인이 외국을 나가면 스크린 도어가 없는 지하철(전철) 시스템을 보며 역시 한국이 최고라는 식의 말을 많이 한다. 가령 캐나다 벤쿠버나 호주 시드니 같은 곳을 가더라도 트레인 플랫폼에 스크린 도어는 없다. 하지만 여기서 한 단계만 더 들어가서 생각해 보자. '애초에 왜 스크린 도어가 필요했는가?' 한국의 자살률이 그 어느 나라보다 높다는 소리는 누구나 한 번쯤 들어 봤을 것이다. OECD 국가 중 2003년부터 2016년까지 14년 연속 압도적으로 자살률 1위를 유지했고, 2017년 일시적으로 감소하여 딱 한 번 정상을 내주었다가 2018년부터 다시 영예의 1위 자리를 고수하고 있다. 한마디로 지하철 선로에 뛰어드는 사람이 많아서 그 어느 나라보다 스크린 도어의 필요성이 시급했던 것이다. 이것이 2000년대 중후반, 스크린 도어를 대대적으로 설치하는 사업이 힘을 받을 수 있었던 근본 이유다. 그런데 아이러니 한 점은 스크린 도어의 '필요성조차도 크게 느끼지 못하는 국가'의 시스템을 보고 후진적이라고 거꾸로 해석한 것이다.

이처럼 겉모습만 보는 것이 습관화되면 그 이면이나 본질을 보려는 생각 자체를 하지 못한다. 과거에 질량이 다른 두 물체를 높은 곳에서 떨어뜨리면 무거운 게 먼저 떨어진다고 믿던 시절이 있었다. 갈릴레오는 이에 의문을 품었으나 주변에서 아무도 그의 말을 들으려고 하지 않았다. 그래서 그는 피사의 사탑에 올라 나무 공과 쇠공을 동시에 떨어뜨리는 실험을 했고 이때 질량이 다른 두 물체가 동시에 떨어진다는 것을 확인했다. 오랜 믿음이 깨지는 순간이었고 이 자유 낙하 실험은 여전히 과학 역사상 가장 혁명적인 순간 중 하나로 꼽힌다.

이런 간단한 원리조차도 누군가 나서서 의문을 제기하기 전까지는 모두가 진실을 외면했고, 알아야 할 필요성조차도 느끼지 못했다. 인간의 오감과 두뇌가 얼마나 오류투성인지를 깨닫는다면 세상을 보는 시각이 조금 더 달라질 수 있다.

5-3. 영문 국호, REPUBLIC OF KOREA

　스위스의 작가 롤프 도벨리(Rolf Dobelli)는 대중적 사고의 취약점을 지적하며 '세상을 바라보는 관점이 특이한 사람들을 주변에 많이 두라'고 조언하고 있다. 이 말에 용기를 얻어 나의 개인적인 특이한 관점을 하나 소개해 보고자 한다. 바로 대한민국의 공식 영문 국호에 대한 이야기다.

　오래전 이야기이지만, 내가 대학 재학 중이던 당시 나는 외국의 사이트들을 돌아다니며 한창 영어 공부와 해외 취업에 대한 정보 검색을 많이 하곤 했다. 이때 문득 들었던 생각이 있다. 왜 대한민국의 영문 국호 명칭은 사이트마다 각기 다른가? 아마 해외여행이나 해외 배송 경험이 있는 대부분의 사람들에게도 익숙할 것이다. 우리가 온라인상에서 여행 계획을 준비하거나 해외 배송을 주문하거나 혹은 어떤 해외 사이트에 가입할 때 자주 접하게 되는 것이 드롭다운 리스트(Drop down list)이며 거꾸로 된 화살표를 눌러 본인의 국적, 거주지, 배송지 혹은 출발지 등을 선택하는 것이다. 보통 알파벳 순으로 'A'로 시작하는 나라들부터 차례로 나오는데 가령 AUSTRALIA의 경우 'A'로 시작하니 리스트 상단에 바로 뜨니까 아주 편하다. CANADA의 경우는 커서를 조금 내려 'C'로 이동하면 될 것이고 FRANCE의 경우는 'F'로, JAPAN의 경우는 'J'로 쭉 내려가서 찾으면 된다. 하지만 우리는 'R', 'K', 'S', 'T'를 왔다 갔다 하며 한국이 어디에 있는지 찾아야 하는 사소한 불편함이 있다. 한국의 경우 각종 사이트나 시스템에 따라 제각각의 이름으로 등록되어 있기 때문이다.

- ◆ REPUBLIC OF KOREA
- ◆ REPUBLIC OF KOREA (SOUTH)
- ◆ KOREA, REPUBLIC OF
- ◆ KOREA
- ◆ KOREA, SOUTH
- ◆ SOUTH KOREA
- ◆ SOUTH KOREA (REPUBLIC OF)
- ◆ THE REPUBLIC OF KOREA

이게 무슨 큰 문제인가 싶은 사람도 있을 것이다. 하지만 위에서 지적한 사소한 불편함 외에도 통일된 국가 명칭이 없다는 것에서 오는 여러 가지 현실적인 문제들이 더 있다. 세 가지 정도만 다루어

보면 아래와 같다.

① 북한과 헷갈린다

북한의 영문 국호는 'DEMOCRATIC PEOPLE'S REPUBLIC OF KOREA'이다. 가령 유럽의 한 도시에서 길가는 행인들을 붙잡고 이것이 SOUTH KOREA를 지칭하는지 NORTH KOREA 지칭하는지 물어본다면 명확하게 안다고 답하는 사람은 극히 드물 것이다. 이와 관련된 재미있는 일화도 있다. 과거에 한국의 한 건설회사가 스위스의 한 기업으로부터 TBM(Tunnel Boring Machine)이라 불리는 터널 공사용 기계를 수입하려고 하는데 회사 측에서 어카운트를 오픈해 줄 수 없으니 현금을 일시불로 내지 않으면 판매를 못 한다고 통보를 했던 일이 있다.

나중에 알고 보니 북한이 땅굴을 파는 용도로 TBM 20대를 구매하고 돈을 떼먹은 적이 있었다는 것이 스위스인 직원에 의해 밝혀진 것인데, 당시 그 회사에서는 남한과 북한의 구별이 잘되지 않아서 같은 나라로 본 것이라고 한다. 한마디로 DEMOCRATIC PEOPLE'S REPUBLIC OF KOREA라고 불리는 세계에서 가장 비정상적인 집단과 매우 유사한 명칭인 REPUBLIC OF KOREA를 쓰는 운명이니 그들 입장에서는 알게 뭐였을까?

대한민국은 주로 SOUTH KOREA라는 이름으로 국제적인 명성을 쌓아왔고 이제 막 세계적으로 꽤 인정받는 국가가 되었다. 기존의 방식을 무조건 고수하기보다는 뭔가 확실한 차별화를 해야 해외여

행이나 국제적인 비지니스를 하는 국민들의 불편함을 조금이나마
줄여 줄 수 있을 것이다.

② 'REPUBLIC'이라는 단어가 주는 어감이 좋지 못하다

우리가 잘 알고 있듯이 한국인들의 여권에는 'REPUBLIC OF
KOREA'라고 찍혀 있다. 이것이 유엔이나 국제 외교 무대 그리고
정부에서 공식적으로 사용하는 대한민국의 공식 영문 국호이지만,
정작 왜 공식적인 우리나라 국가 명칭에 굳이 '공화국(republic)'이
라는 수사를 갖다 붙여야 하는지 누구도 이에 대해 지적하거나 의
문을 제기하지 않는다. 그저 늘 당연하게 그래 왔기 때문에 지금도
그래야 하고 앞으로도 그럴 것, 그 이상 그 이하도 아닐 것이다. 물
론 대한민국의 '민국'도 민주공화국의 준말이듯이 그 나라의 국가
체제가 공화국일 수는 있다. 그것이 문제 될 것은 전혀 없다. 하지
만 그러한 국가의 체제를 드러내는 수사를 꼭 외교적인 무대에서
쓰는 공식적인 국가 명칭에다가 무조건 붙여야만 하는 것은 아니
다. 가령 프랑스나 독일 등의 국가도 공식적으로는 공화국이지만
굳이 그 단어를 강조하지 않는다. 그냥 FRANCE, GERMANY… 뭐
가 더 필요한가? 반대로 흔히 공화국이라는 단어와 연결되어 우리
머릿속에 떠오르는 국가들을 살펴보자.

◆ 도미니카공화국
◆ 콩고공화국

◆ 남아프리카공화국

◆ 루마니아공화국 등

무엇보다 그 어감이 주는 이미지 자체가 그다지 고급스럽지 못하다. 선진국이라면 어떤 보조적인 수사가 그 나라를 대변하는 것이 아니라 그 나라의 이름 자체가 국가 브랜드가 되어 다양한 이미지를 자동으로 떠오르게 하는 형태를 지향하는 것이 여러모로 도움이된다. 가령 호주 하면 오페라 하우스와 아름다운 해변의 이미지, 스위스라면 눈 덮인 알프스산과 빨간 기차, 시계나 초콜릿, 이탈리아라면 피자나 람보르기니, 명품 등이 떠오른다.

국가 이름에 공화국을 붙이는 것은 이러한 브랜드 이미지 형성에 전혀 도움이 되지 않고 딱딱하고 올드한 느낌을 주며 방해가 될 뿐이다. 실제로 많은 외국인에게 물어보아도 그렇게 느낀다는 것을 조금만 문제의식을 가지고 쳐다보면 눈에 보인다.

③ 시대가 변했다

국제무대에서 대한민국의 영문 국호인 'The Republic of Korea'가 최초로 사용된 것은 1919년 5월 24일 대한민국 임시정부 소속 김규식 선생이 독립 청원 서한을 당시 영국 총리에게 전달했을 때이다. 물론 그 전통과 역사는 존중받아야 마땅하나 문제는 대략 100년 전에 당시의 시대 상황에 맞게 지정된 명칭이 현재에도 무조건 유효해야 하는 것은 아니라는 것이다.

한국이라는 나라가 2000년대 중반 이후 급격히 세계에 알려지기 시작했고 한국의 드라마, 영화, K-POP, 기술력 등이 한국의 이미지를 견인했다. 대부분 SOUTH KOREA라는 이름으로 세계인들에 다가갔고 전 세계 사람들은 이제서야 SOUTH KOREA(잘사는 나라)와 NORTH KOREA(못사는 나라)의 차이를 명확히 알아가고 있다. 'SOUTH KOREA'라는 브랜드 네임은 갈수록 좋아지고 있고 수많은 해외 언론이 한국을 다루는 기사에서 보도 형태나 비중을 보더라도 당장 10년 전과 비교해도 차이가 크게 난다. 이제야 그 네임 밸류를 세계적으로 인정을 받기 시작하는 시기라는 것이다. 하지만 지구촌 상당수의 일반 시민들은 여전히 'REPUBLIC OF KOREA'와 'SOUTH KOREA'가 같은 나라인 줄은 모르고 있다는 것은 코미디 같은 현실이다. 늘 당연하게 생각하는 것도 조금만 주의 깊게 보면 다른 부분이 보인다.

5-4. 정말로 그럴까?

　대한민국에서 가장 유명한 한 인지심리학자의 강연을 리뷰하던 중 흥미로운 스토리가 있었다. 국가 영토의 규모가 국민성과 연관이 있다는 것인데, 한마디로 한국인의 사고가 비교적 편협한 이유 중 하나로 땅덩이 크기가 작다는 것이란다. 그분의 로직(logic)은 대강 이렇다.

　가령 일기예보만 하더라도 미국, 캐나다, 호주 등 영토가 큰 국가에서는 '내일 전국적으로 비가 올 것이다'라는 식의 통일성이 있는 일기예보는 상상도 못 하는 말하지만, 한국에서는 흔히 듣는 소리다. 이러한 작은 것들이 알게 모르게 무의식에 저장이 되어 '소국'에 사는 사람들은 다양성을 인정하는 능력이 떨어지고 반대로 '대국'에 사는 사람들은 자연스럽게 '다름'을 받아들이는 데 일조를 할 수 있다는 논리였다. 그래서 우리 민족의 특성이 튀는 것을 싫어하며 일반적으로 사고가 편협하지만, 반대로 하나의 목표를 가지고 뭉칠 때는 무섭게 단합한다는 것이다.

하지만 문득 궁금한 것이 있다. 중국과 러시아도 대국이고 지역마다 다양한 기후가 존재하지만, 다양성과는 담을 쌓은 나라들이다. 아무래도 특정 지역에서 나타나는 사회 현상을 보편적인 인류의 특성으로 연결하는 데는 무리가 있어 보인다.

이 지점에서 '우리는 권위자이고 유명한 사람의 말이라면 덮어두고 믿고 받아들여야 하는 것일까?' 라는 의문을 제기해 볼 수 있다. 그뿐만 아니라 사회에서 어느 정도 정설로 받아들여지는 각종 스토리를 어디까지 받아들여야 할 것인가도 생각해 볼 부분이 있다. 가령 누구나 한 번쯤 이런 이야기를 들어보았을 것이다.

> "차에 깔린 어린아이를 보면 그 아이의 어머니는 초인적인 힘이 나와서 차를 번쩍 들어 올릴 수 있다."

사람의 정신력과 의지력이 얼마나 대단한지를 설명할 때 수도 없이 반복되어 인용된 표현이라 많은 사람에게 익숙할 것이다. 보통 이런 소리를 들으면 그렇구나 정도로 넘어가지만, 과연 실제로도 그럴지 궁금해하는 사람은 얼마나 될까?

미국의 운동생리학자인 윌리엄 크레머(William Cremer) 교수는 인간이 극단적인 수준의 심리적 압박을 받는 조건하에서는 인간의 근육이 평상시보다 최대 5~15% 정도 더 강해질 수 있다고 설명한다. 즉 어느 정도 강해질 수는 있으나 분명한 한계치가 존재한다는 것이다. 통설과 같은 초능력에 가까운 힘은 발휘될 수 없다. 유사한 상황에서 차를 정말로 들었다는 사례가 보고된 것이 있지만, 평소 근력 자체가 센 경우라는 소리다. 사자가 뒤에서 쫓아온다고 보통 사람이 100m를 9초에 달릴 수 있을까 자문해 보면 그 의미가 짐작이 갈 것이다.

솔로몬을 건드린 이어령 박사

《이어령의 마지막 수업》이라는 책에는 솔로몬의 재판 스토리를 비판하는 내용이 언급된다. 솔로몬의 재판이라면 누구에게나 익숙한 이야기일 것이다. 한 아이를 두고 두 엄마가 서로 자기 아기라고 다투는 과정에서 지혜의 왕 솔로몬은 아이를 반으로 쪼개서 가지라고 판결을 내린다. 가짜 어머니는 좋다고 하고 진짜 어머니는 아이를 살리기 위해 포기하는 쪽을 택한다.

과거 초등학교 교과서에도 나왔던 이 스토리에 대해 이어령 박사는 '아이의 반을 어디다 쓸려고 좋다고 했을까?' 라고 반문한다. 《탈무드》에 나오는 이야기대로 가짜 엄마가 아이를 반으로 갈라도 좋다고 했다면 그것은 인간으로서 최소한의 기본적인 인지 능력조차 없는 상태를 가정한 것이다. 한마디로 이어령 박사는 애당초 설정자체가 말도 안 되는 소리를 우리는 뛰어난 지혜라고 배웠다는 점을 꼬집고 있다(비판적 사고 능력의 부재).

그 외 우리 사회에 통설로 널리 퍼져 있는 스토리와 그 이면에 관한 이야기를 몇 가지만 더 예로 들어보겠다.

① 냄비 안의 개구리

개구리를 냄비 안에 넣고 삶으면 온도가 올라가는 것을 모르고 죽는다는 비유는 책을 보거나 SNS를 하는 사람이라면 귀에 못이 박히도록 들었을 만큼 친숙한 스토리일 것이다. 하지만 만약 당신이 호기심이 많은 사람이라면 고개를 끄덕이는 대신 정말로 그럴지 궁금증이 먼저 들었을 것이다. 해당 실험은 19세기 코넬대학교에서 최초로 진행되었다고 알려져 있고, 그 이후 수많은 유사 실험이 진행되어 널리 알려지게 되었다.

결론부터 말하자면 어떤 개구리들은 탈출하고 어떤 개구리들은 그 안에서 죽었다. 우선 굳이 끓는 물까지 갈 필요 없이 개구리가 버틸 수 있는 최대 한계치는 대략 36~37도 정도이고 그 이상이 넘어가면 죽는다. 그리고 개구리를 죽게 하려면 실험 세팅을 갖추어 온도를 0.1도 단위로 매우 천천히 올려야 그 효과를 발휘한다. 그래야 신경계의 반응을 무뎌지게 할 수 있기 때문이다. 하지만 우리가 흔히 가스레인지에서 물을 끓이는 것처럼 빨리 온도를 올리면 뜨거움을 느끼고 뛰쳐나가는 경우가 많다. 즉 정답은 '그때그때 달라요' 이다.

하지만 애초에 실험을 진행한 사람의 입장에서 한번 생각해 보자. 그러한 실험을 진행하고자 한 목적은 머릿속에 이미 특정한 방향으로 가설을 세워 놓았기에 하고자 할 생각이 들었을 것이고 또 그것을 증명하고 싶었을 것이다. 세상에 이야기가 퍼지는 데에는 그러한 불순물(의도)이 어느 정도 투영되지 않을 수 없다.

추가로 한 가지 케이스만 더 소개하자면 족쇄에 발이 묶인 코끼리 이야기도 동기 부여 레퍼토리로 널리 쓰여 왔다. 오랫동안 발이 족쇄에 묶여 있던 코끼리는 어느 날 족쇄가 풀려도 행동을 하는 데 있어 기존의 반경을 넘어서서 갈 생각을 못 한다는 것이다. 습관이나 경험의 패턴이 얼마나 무서운지를 설명하고 의지력을 고양시키기 위해 많이 인용되는 스토리지만, 이 또한 오류가 있다. 정말로 실험을 하면 벗어나는 코끼리도 있고, 아닌 코끼리도 있다고 한다. 즉 고정관념을 깨뜨리자는 취지의 비유가 또 다른 고정관념을 만들고 있는 패러독스다.

그 외에도 진위 여부와 상관없이 늘 고정적으로 쓰이는 레퍼토리는 넘쳐난다.

② 가난한 나라 사람들이 더 행복하다?

대형 포털 사이트가 뉴스를 알아서 큐레이션 하는 시스템에 익숙해진 현대인들은 비슷한 뉴스를 보고 비슷한 생각을 형성한다. 하지만 제대로 된 통찰이 없이 정보를 받아들이는 것은 의도치 않게 왜곡된 인식을 하는 프로세스와 같다.

가령 가난한 나라가 부자 나라보다 행복지수가 더 높다는 우리에게 익숙한 통설을 살펴보자. 아마존에서 수렵 채집을 하고 살아가는 피라항족이 세계에서 가장 행복한 부족이라는 언어학자 대니얼 에버렛(Daniel Everett)의 스토리는 특히 유명하다. 정신 건강, 자살 불안장애, 우울증 등이 전혀 없다는 이유다.

이처럼 후진국(문명)일수록 오히려 정신적으로 더 건강하다는 실험과 연구는 많지만, 이러한 현상도 단순 비교 형태로 해석해서는 곤란하다. 만약 가난한 나라의 사람들도 더 수준 높은 삶을 경험하고 다시 원래의 환경으로 돌아가라고 한다면 덜 행복해질 확률이 높기 때문이다. 혹은 주변의 친구들이 다 부자가 되고 자기 혼자만 그대로라면 금세 불행해질 것이 자명하다.

실제로 한 역사학자의 말에 따르면, 아마존 밀림에서 뱀과 쥐를 잡아먹고 사는 원주민들이 문명사회의 맛있는 음식에 어느 정도 길들여진 후, 그들은 굶는 한이 있더라도 다시 뱀과 쥐를 먹지 못했다고 한다. 즉 물질적 문명과 부를 충분히 보고 경험하고 난 뒤 거기서 오는 공허와 무상을 깨닫고 행복을 추구하는 사회로 재전환된 사회와 성장의 사이클을 아예 경험조차 해보기 전의 사회는 근본적으로 다르다는 의미다.

한마디로 그들이 말하고 있는 행복의 의미가 근원적으로 다른 것이라는 것을 인지한다면 애초에 비교 대상이 아닌 것을 비교한다는 것을 알 수 있다. 비유하자면 사춘기 청소년들과 4~5세 어린이의 평균 행복도를 비교했을 때, 어린아이들의 평균 행복도가 더 높게 나온다고 해도 큰 의미가 없는 것과 같다. 어차피 10년 뒤에 똑같이 겪을 문제이기 때문이며, 이 개념이 문명의 진보에 적용될 때는 그 단위가 수백 년 이상이 될 수 있는 차이가 있을 뿐이다. 즉 성장의 진통으로 불행이 극심한 사회(한국 등)는 성장을 아예 경험하기 전의 사회보다 더 먼저 진화했기 때문에 성장통을 더 빨리 겪는 것으로 해석이 가능하다.

정신이 고도화될수록 반대급부로 정서 질환이 동반될 수밖에 없고(그래서 선진국일수록 심리학이 더 중요시된다), 그 과정을 극복하는 것이 진정한 *아모르 파티(amor fati) 정신이다. 이러한 맥락에서 국민의 평균 정서 질환 수준이 매우 높은데도 불구하고 이를 행복으로 재전환하는 노력(성장 이후 성숙으로)에 있어 가장 선두에 있는 문명권은 현재 기준으로는 북유럽이다.

반면 이러한 숨겨진 행간을 제대로 파악하지 못한 채 '가난한 나라 사람들이 평균적으로 더 행복하다'라는 정보에 몇 번 노출되면 그 단편적인 논리에 갇히게 된다. 물론 물질적 부가 행복의 근원이 아니라는 건강한 메시지는 좋으나, 이러한 긍정적인 의도 또한 왜곡이 들어갈 소지가 있으며 또 하나의 단순한 고정관념을 형성할 수 있다는 것이다.

* 아모르 파티: 라틴어로 '운명을 사랑하다'는 뜻을 가진 용어이며 독일의 철학자 프리드리히 니체의 사상이다. 인생의 고통과 희로애락을 자신의 것으로 온전히 받아들인 뒤 궁극적으로 긍정 에너지로 전환하는 것이 인간 본연의 창조성을 키울수 있다는 철학이다.

우리는 좌뇌는 이성적이고 수리적인 사고를 담당하며 우뇌는 창조성과 감성에 관여한다는 말을 많이 들어왔다. 하지만 이 또한 실제로는 그렇지 않다. 대체로 그렇지만 각각이 복합적인 기능을 다 하는 것이 현대 뇌과학이 말하고 있는 사실이다.

복잡한 세상과 자연의 이치를 단편적인 논리에 가두는 것은 그만큼 우리 주변에서 빈번하게 일어나는 일이다. 혈액형별 성격, MBTI, MZ 세대론, 젠더 갈등, 종교 갈등, 권위자(유명인)의 말이라면 무비판적 수용, 시도 때도 없는 정치 관련 시위 등. 특정 이론이나 논리가 대중적으로 퍼지는 순간 맹신하는 특성과 분열하는 경향은 좋게 말하면 순진한 것이지만, 냉정하게 말하면 의심하는 능력이 현저히 떨어진다는 것이다. 사회를 살아가면서 자동적으로 주입된 관념을 알아차리려는 노력이 부족한 것이다. 일반적으로 의심이라고 하면 부정적인 뉘앙스가 강하지만, 여기서 말하는 의심이란 타인을 경계하고 불신하는 의미가 아니라, 받아들인 정보를 처리함에 있어 "정말로 그러한가?"하며 되묻는 힘을 말한다. 그것이 지성의 촉매제인 비판적 사고 능력이다.

> "지식인들이 마지막 단계에 이르면 생각의 상자나 지식의 상자에서 해방되려는 노력을 합니다. 지성을 거부하는 반지성의 단계에 도달하지 않고서는 감히 지성인이라는 말을 쓸 수 없지요."
>
> — 이어령, 《지성에서 영성으로》

인구 감소, 꼭 나쁜 것인가? (인간의 생은 역사의 축소판)

  CNN은 한국의 초저출산율 문제를 다루며 지난 20여 년간 한국 정부가 막대한 돈을 쏟아부었지만, '발상의 전환'에까지 이르지는 못하고 있다고 전했다. 그런데 발상의 전환이 무엇인지는 정작 자신들도 대안을 제시하지 못한다. 이왕 발상의 전환이라는 말이 나왔으니 나는 어떤 대안을 제시한다기보다 현 상황을 아예 거꾸로 해석해 보면 어떨까 하는 생각을 해 본다. 인구 감소라는 주제에 관해서는 귀에 못이 박히도록 듣는 세상이지만, 가만히 생각해 보면 좁은 땅덩어리에 사람이 너무 많다고 푸념을 한 지 수십 년이지 않았던가? 인구 밀도가 한계를 넘은 지 오래인데 인구 초과밀 상태인 '현재'가 '정상'이라는 관점은 닻(Anchor)을 내린 위치가 잘못되지 않았는지, 즉 기준점 편향이 아닌가 생각해 볼 필요가 있다.

  미디어와 지식인들의 기우를 잘 살펴보면 현재 수준의 인구를 영원히 유지해야 한다는 강박에서 오는 두려움의 본질은 결국 돈과 힘(국력)의 문제가 대부분이다. 가령 경제 규모가 10위권인데 15위권으로 밖으로 밀려나면 어쩌나, 연금은 어쩌나, 앞으로는 BTS 같은 그룹이 나오지 못하면 어쩌나 등 지극히 물질적 세계관에서 기인한 발상이다. 하지만 우선 국가의 사이즈를 국가의 진보나 선진화와 동일시해서는 곤란하다. 자타공인 세계 최고의 선진국이라 부르는 국가들의 인구 현황을 한 번 살펴보자.

- ◆ 스위스: 약 874만 (㎢당 인구밀도 약 188명)
- ◆ 스웨덴: 약 1,054만 (㎢당 인구밀도 약 22명)
- ◆ 노르웨이: 약 543만 (㎢당 인구밀도 약 14명)
- ◆ 핀란드: 약 554만 (㎢당 인구밀도 약 18명)
- ◆ **대한민국: 약 5,174만 (㎢당 인구밀도 약 516명)**

이미 지난 십 여년간 Fear-mongering(위험한 요소 및 이슈를 의도적으로 과장해서 소문을 퍼트리고 불필요한 두려움을 일으키는 행위)이 지나치게 퍼진 상태라 인구 감소는 곧 나라가 망하는 것과 같다는 프레임이 강하게 씌어져 있다.

하지만 한 발짝 물러서서 인도나 중국이 되고 싶은가, 핀란드나 스웨덴이 되고 싶은가를 '굳이 묻는다면' 이미 답은 나와 있다. 국력과 경제력을 순위로 매겨 높은 순위를 차지해야 한다는 강박에 빠지면 인구 감소로 그 순위가 감소하는 것이 아쉬울 수밖에 없지만, 사실상 그러한 요소들이 실제 삶의 질과 수준이 높은 것과는 전혀 다르다는 것이다. 물론 생산 가능 인구 비율의 감소로 연금 문제 등 사회에 큰 부담이 올 힘든 시기는 있겠지만, 역사의 흐름 앞에서는 찰나의 순간이다. 오히려 더 시간이 지나, 줄어든 새로운 세대가 다시 중장년층이 되어갈 시기에는 지금보다 훨씬 더 쾌적한 나라가 될 수 있다는 큰 그림을 볼 수 있는 사람은 그리 많지 않다.

독일의 철학자 헤겔은 인류 문명의 역사를 인간의 인격 발달의 과정과 같다고 보았다. 사람이 나이가 들고 성숙의 단계를 거치면서 주요 관심사나 사고방식이 이동한다는 점은 사회와 문명의 발달 과정과 매우 유사한 패턴이라는 것이다.

이것을 분석 심리학자 카를 융의 생의 전환기 이론에 접목시켜 보면 한국의 현실이 어렴풋이 보인다. 생의 전환기라는 개념은 사람의 나이가 대략 35~40세쯤에 자아의 대전환기를 맞이한다는 패턴을 이론화한 것이다. 사실상 인생의 '진짜 사춘기'이며 이 시점을 기준으로 인생의 목적과 과제가 크게 달라지고 한 개인이 이 시기를 통과할 때 여러 가지 형태의 위기를 맞이하기도 한다. 그래서 정신적인 혼란에 빠지는 경우가 매우 흔하지만, 사실은 자아(Ego)가 자기(Self)에서 분화된 삶을 살다가 인생의 중반기 이후 통합하는 과정에서 찾아오는 성장통이다. 즉 스스로 불균형을 자각하고 본래의 균형을 찾아가려는 자연스러운 생의 사이클이며 본격적인 자기 치유 메커니즘의 시작이기도 하다.

이러한 재생(심리적 부활)의 과정에서 혼란과 진통이 어느 정도 수반되는 것은 필연적이다. 그리하여 생의 전반기에 쌓아온 인격 및 페르소나가 무너지는 경험을 하고 새로운 차원의 인격이 형성된다. 이는 거부할 수 없는 자연의 이치이며 이 시기에 '적절한 인격 발달의 과정을 거친다면' 사고방식의 중심축이 이동할 수 있다.

성장, 경쟁, 팽창, 발산적 사고 → 성숙, 포용, 수축, 수렴의 사고

이는 젊음은 다시 올 수 없다는 것을 인정하고 나이가 드는 것을 받아들이는 내적 성숙의 과정이기도 하다. 뜬금없이 이 이야기를 꺼내는 데에는 이유가 있다. 지금 한국 사회와 문명의 진화 수준을 인간의 나이로 비유하자면 대략 그래프가 꺾이는 피크(peak)인 35세 정도의 나이에 와 있다고 보는 것이 나의 관점이기 때문이다. 그래서 기존에 쌓아 왔던 국가의 페르소나(젊음과 역동성 등)를 잃을 것에 대한 두려움이 현상 유지의 필요성에 대한 강박으로 드러난다고 본다.

한국의 발전 단계를 인간의 나이에 비유한 나의 관점은 독자의 기존 배경지식이나 가치관에 따라 받아들임에 있어 다소 차이가 있겠지만, 한 가지 확실한 것은 한국은 국가적 특성과 장단점을 고려할 때 '강대국'의 모델보다는 '선도 국가'의 모델을 미래 비전으로 갖는 것이 몸에 맞는 옷을 입는 것이다. 그러한 맥락에서 인구 감소가 '양'의 사회에서 '질'의 사회로 접어들라는 자연의 시그널이라면 과거와 현재(젊음의 에너지)에 대한 집착보다는 오히려 도도히 흐르는 역사 앞에서 미래(성숙의 에너지)를 고민하는 것이 현명하다.

사람도 그 나이에 맞는 사고방식이 있듯이 영원한 젊음을 유지하고 싶어도 할 수 없는 것을 깨달았다면 그 현실을 받아들이고 더 나은 중년이 되기 위한 방안을 모색해야 한다. 이것이 진정한 '받아들임'의 자세다. 자칫 이것이 염세주의적 세계관으로 들릴 수도 있겠지만, 그것은 자연의 사이클과 인간 세상의 법칙이 근본적으로 매우 유사할 수밖에 없다는 본질을 보지 못할 때나 할 수 있는 오해일 것이다.

다만 한 가지 확실한 것은 가진 것을 포기하려 하지 않고 모든 것을 수성하려는 발상을 가진 기득권자에게는 인구 감소란 매우 불행한 소식임은 틀림없다(피지배 세력의 규모가 줄어든다). 가난한 사람들의 영혼들을 짓밟아 가면서, 온 자연을 파헤치고 수많은 빌딩과 아파트를 올리는 데만 온 힘을 쏟았다면 그 거품이 꺼질 시기가 온다는 것쯤은 알고 했었어야 했다. 그것이 무엇이든 영원하기를 바란다는 것은 욕심이며, 굳이 따지자면 비정상에서 정상으로 회귀하는 것에 '소멸'이란 프레임을 씌우는 것은 그야말로 사람을 웃기는 연극이다. 강력한 세뇌가 걸려 있다면 이 이야기를 받아들이는 것이 쉽지 않겠지만, 위에 언급한 네 개의 나라가 '소멸한' 국가들인지를 곰곰이 생각해 보면 조금은 이해가 갈 수도 있을 것이다.

* <u>Note</u>: 국제사회봉사기구(ISS)의 2020년 통계에 따르면 한국은 콜롬비아, 우크라이나와 함께 세계 3대 입양 대국이다. 과거 한때의 이야기가 아니라 최근 통계에서도 인도(4위)나 중국(5위)보다 더 많은 아동을 해외로 입양 보냈음이 드러났다. 정치인과 사회 기득권의 마인드나 생각의 질 자체가 후진적이라는 방증이다.

5-5. 공평한 것이 공정한 것인가

영화 〈세컨드 액트(Second Act)〉를 보면 주인공이 대형 마트에서 점원으로 15년을 근무하고, 어시스턴트 매니저(Assistant Manager)로 6년을 더 근무했는데도 매니저 승진 심사에서 떨어지는 장면이 나온다. 회사 측에서 매니저를 외부 영입하기로 결정했기 때문이다. 동료들의 기대를 받던 주인공이 승진에서 밀린 이유는 대학 학위가 없어서인데, 이에 그녀는 18세에 대학 안 들어갔다고 나이 40이 되어서까지도 영향을 받아야 하냐며 울분을 토한다. 세상이 불공평하다는 그녀의 넋두리를 옆에서 듣고 있던 친구가 인상적인 한마디를 던진다.

"Who said life is fair? (누가 세상이 공평하다고 한 적 있어?)"

'공평'한 것이 '공정'한 것인가?

아마도 이 대사가 함의하는 것은 불공평한 것이 기본값, 즉 당연한 상태라는 것으로 보인다. 단순히 지나가는 말로 들릴 수도 있지만, 곰곰이 생각해 보면 매우 철학적인 대사다. 과연 공평한 것이 공정한 것인가라는 의문을 던지기 때문이다.

극 중 주인공뿐만 아니라 아마 모든 사람이 사회생활 중 나만 부당한 대우를 받거나 불이익을 받는다고 생각해 본 적이 있을 것이다. 기본적으로 사람은 자기가 받는 피해에 대해 더 민감할 수밖에 없기 때문인데 주로 남들과 비교하면서 현재 상황을 불공평하다고 느끼는 경우가 가장 일반적이다.

똑같은 상황에서 내가 어떤 입장이냐에 따라 공평함의 기준이 달라지기도 한다. 프랑스에서 조사한 설문조사에 의하면 자율주행 자동차가 보행자의 안전을 더 우선시해야 하는가, 아니면 운전자의 안전을 더 중요시해야 하는가에 대한 질문에 76%의 응답자가 보행자의 안전을 더 중요시해야 한다고 답했다. 하지만 정작 보행자의 안전을 더 중요시한 모드로 설정이 된 차를 구매할 의향이 있느냐에 대해서는 대부분이 '그건 싫다'라는 모순적인 답을 했다.

이처럼 일반적으로 사람들은 자신이 문제의 당사자일 때와 제삼자일 때 종종 다른 판단을 한다. 그렇다면 이를 공평하지 못하니 잘못되었다고 할 수 있을까?

공리주의의 함정

우리가 살면서 맞닥뜨리는 많은 딜레마에서 '공평함'이란 윤리적 가치의 문제라기보다는 그저 상황에 따라 유동적인 경우가 많다. 그래서 무언가를 모순 또는 불공평하다고 판단하기 전 전체의 맥락을 이해했는지 점검하는 것이 매우 중요하다. 전체 흐름에 대한 이해 없이 특정 원칙을 행동의 규범으로 삼게 되면 자연스러움과는 상관없이 본인을 정당화 또는 합리화하는 쪽으로만 사고하게 마련이기 때문이다.

가령 최대 다수의 최대 행복 실현을 윤리적 행위의 목적으로 보는 공리주의 사상(utilitarianism)을 예로 들어보자. 공리주의라는 하나의 가치에만 몰두하면 여자 화장실에 몰카를 설치한 변태가 아무에게도 걸리지만 않으면 최대 다수의 최대 행복이라고 주장할 수 있는 셈이다. 인간 사회는 복잡하고 모두의 자유가 완벽히 충족될 수 없다는 측면에서 모순이 있는 것이 당연하므로 특정 조건을 갖추면 정의가 실현된다는 식으로 착각해서는 곤란하다. 내 기준의 공정함이 아무리 정당하다 하더라도 사실은 편협한 생각일 수도 있다는 사실이다.

타인의 유산을 대하는 공정함의 기준

호주의 한 언론에 소개되어 찬반 논란이 일었던 한 사건을 통해서 무엇이 공정하고 올바른 판단인지 간단한 사고 실험을 해보자. 시골 마을의 한 교사가 평생을 교직에서 몸담으며 학생들을 가르쳤고 본인이 돌아갈 때 유언을 하나 남겼다. 그 유언인즉슨 본인의 전 재산을 학생들 장학금으로 지급하되, 단서 조항으로 'BOY ONLY'를 달았다는 것이다. 여학생들은 제외하고 남학생들에게만 이 돈을 장학금으로 나누어 주라는 좀 특이한 유언이었다. 사람들은 아주 나이가 많은 분이었고 또 시골에서만 산 사람이라 구시대적인 발상을 했을 거로 추측했다. 문제는 학부모 측에서 여학생들도 수여의 대상이 되어야 한다고 소송을 걸면서 시작되었다. 일부 교사들도 이를 지지하면서 큰 내부 갈등으로 이어져 결국 재판이 열리고 전국적으로 기사화되어 버린 것이다. 양쪽의 입장을 재구성해 보면 대략 이렇다.

① <u>유가족 입장:</u> 분명 남녀 차별은 잘못된 것이 맞으나 이것은 공적 자금 투입이나 정부 예산을 결정하는 것이 아니다. 고인의 판단이 분명 시대착오적인 것은 맞지만, 그래도 자신이 죽을 때 본인이 평생 모아온 개인 재산을 원하는 곳에 쓰겠다는 것이다.

② 학부모 입장: 여학생들만 장학금 수여 대상에서 제외되는 것은 불공평하다. 그뿐만 아니라 학생들이 느끼게 될 상대적 박탈감이 적잖은 트라우마가 될 수도 있다. 공동체의 이익과 정면으로 충돌한다면 개인의 의지가 꺾일 때도 있어야 한다.

한마디로 개인의 자유 존중과 공공의 이익을 위한 평등이라는 두 가지 가치가 정면충돌하는 사건이다. 실제로 이처럼 개인의 권리와 전체의 이익이 대립하는 경우는 끊임없이 발생하는 데 어느 쪽이 더 우월한 가치일까? 당연히 근본적인 가치 판단의 차이이며 절대적으로 옳고 그른 것은 없다. 다소 김이 빠질 수도 있겠지만, 이 글의 의도는 어떤 결론을 내리기 위함이 아니다. 다만 지금 우리 사회도 공평에 의한 평등이 중요하다는 의식이 지나치게 팽배한 것은 아닌지 점검해 볼 필요는 있다. 다른 사람은 어떤지를 늘 주시하며 지나친 비교를 하는 과정에서 공평함을 추구하면 할수록 더 불공평해지는 현상도 많고, 또 압도적인 불공평은 쉽게 인정하면서 약간의 불공평에는 지나치게 민감한 우스꽝스러운 상황도 많기 때문이다. 한 가지 확실한 것은 본인이 처한 상황을 객관적으로 보려는 노력을 하지 않거나, 또는 규율과 원칙이라는 미명 아래 상황 판단과 조율에 필요한 지혜를 간과한다면, 훌륭한 판단은 기대하기 어려울 것이라는 사실이다. 그리고 가끔은 에포케($\varepsilon\pi o\chi\eta$, 판단 중지)가 필요할 때도 있다.

CHAPTER

6

의식 혁명

6-1. 맥락적 지성의 중요성

스피노자는 우리에게 "내일 지구가 멸망하더라도 나는 오늘 한 그루의 사과나무를 심겠다."라는 문장으로 유명한 철학자이다. (사실이는 스피노자가 한 발언이 아니지만, 60년대 일부 언론의 실수로 한국에만 이렇게 잘못 알려져 있다.) 그는 남들보다 뛰어난 생각을 할 수 있었던 대가로 종교의식에 따라 파문되어 저주와 다름없는 고통스러운 삶을 살았지만, 후대에 와서 가장 뛰어난 철학자 중 한 명으로 재평가받은 인물이다. 스피노자의 주저는 《에티카》인데 여기서 그는 인간의 지각 능력에는 크게 세 가지 층위가 있다고 했다.

① 속견의 단계 - 가장 낮은 단계로 풍문이나 감각에 기초를 둔다.
포괄성이 없는 낮은 수준의 인식이며 세상의 복잡성과 유기성을 전혀 이해하지 못한다.

② <u>이성적 지식의 단계</u> - 특정 학문이나 기술 등 사물의 속성을 적합하게 반영하는 개념을 이해한다. 흔히 공부를 많이 한 개념 따위가 이성적 지식이 높은 것으로 이해할 수 있다.

③ <u>직관지의 단계</u> - 모든 존재와 세상에 대한 포괄적 지식이다. 사물의 보편적 특징은 물론 그것이 전체의 인과적 질서에서 차지하는 위치와 의미까지 한눈에 파악한다.

이 이론을 조금 더 이해하기 쉽게 예를 들어 보자면 캐나다의 외과 의사였던 헨리 노먼 베순(Henry N. Bethune)의 스토리가 적절할 것 같다. 그는 과거 중국의 전장을 누비며 인도주의적인 의료 활동을 펼친 인물로 잘 알려져 있다. 당시는 세계적으로 많은 사람이 결핵으로 고통받던 시절이었고, 서양의 많은 의사는 결핵을 치료하기 위한 방법에 몰두하고 있었는데 베순 박사는 결핵이 없어지지 않는 본질적인 이유가 '경제적 빈곤'이라고 판단했고 그것이 치료해야 할 대상으로 바라보았다.

여기서 대부분의 의사가 2단계의 인식 수준에 머물러 있는 반면, 베순 박사는 3단계로 의식의 지평이 확장된 사람이라는 것을 알 수 있다. 이처럼 남다른 통찰력을 바탕으로 전체의 흐름을 한눈에 읽어 내는 능력이 맥락적 지성(contextual intelligence)이다. 물론 이러한 시선을 가지기란 쉬운 일이 아니다. 기존의 시스템이나 익숙한 관념과는 다른 인지 방식의 변화가 수반되기 때문이다. 하지만 전체의 궤를 읽는 사람들이 보이는 대표적인 몇 가지 특성으로 그러한 마인드의 실체를 엿볼 수는 있다.

① 위선을 파악한다

사람의 감정을 판단하기가 것이 어려운 이유는 소위 'Iceberg effect(빙산 효과)' 때문이다. 빙산처럼 겉으로 드러나는 감정은 쉽게 보이지만, 수면 아래 있는 마음을 읽어내기란 좀처럼 쉽지 않다. 겉으로 화가 난 것처럼 보이지만 그 속을 파고 들어가 보면 수치심이 자리 잡고 있을 수도 있다.

자신의 내적 동기도 알기 어려운데 타인의 내적 동기를 파악한다는 것은 말처럼 쉬운 일이 아니다. 하지만 맥락적 지성이 뛰어난 사람들은 사람의 행동 패턴이나 말 습관을 아주 세밀하게 관찰하여 겉과 속이 다른 것을 비교적 쉽게 간파한다.

가령 교만이 아주 강한 사람이 똑똑할 경우 그는 자신의 성격이 타인에게 비호감이라는 것을 스스로 자각한다. 이러한 경우 보통 매우 세련된 형태로 예의 바르고 공손한 자신의 이미지를 비교적 일관되게 만들어 나갈 수 있고 이것이 고착화되면 심지어 본인 자신도 의식적으로는 겸손하지만, 무의식적으로는 다른 감정(ex. 거만함 등)이 뒷받침되고 있다는 사실을 자각하지 못한다. 따라서 아주 날카로운 눈을 가진 사람이 아닌 이상 대부분은 예의 바르고 겸손한 사람이라고 인정할 수밖에 없다. 예를 들어 TV 토론을 볼 때 우리는 재미난 장면을 목격할 수 있다. 소위 센 캐릭터와 고상한 캐릭터 두 사람 간에 벌어지는 대결에서 센 사람이 직설적으로 말할 때 비교적 예의바르고 점잖아 보이는 사람은 미묘하지만 교활한 방법으로 상대방의 말에 반론을 펼치는 경우가 있다. 오묘한 미소에 감춰져 있지만 그 속은 매우 호전적인 성향으로 가득 차 있음을 알아차릴 수 있다. 이러한 사람들은 상대방이 겉으로 드러내는 직설적이고 호전적인 태도를 참기 어려워하거나 경멸하지만, 그것이 본인 무의식의 그림자라는 것을 깨닫지 못한다.

과거 공자도 향원(예의 바르다고 칭찬받는 사람)이야말로 덕(德)의 적(賊)이라며 가장 경계해야 할 사람으로 보았다. 지금의 말로하면 내로남불, 위선 등을 매우 나쁜 인간의 본성으로 본 것이다. 물론 사회의 윤활유로서 위선도 필요할 때가 있다. 하지만 필요할 때가 있는 것이 나쁘지 않은 것이라고 할 수는 없다. 마치 잘 소독된 병원 냄새가 우리의 기분을 좋게 해주는 것은 아니듯 말이다.

② 조직 논리와 지식의 함정을 경계한다

독일의 언론인 토마스 바세크(Thomas Vasek)는 그의 저서 《팀워크의 배신》에서 조화는 사람을 게으르고, 비겁하고, 비창조적으로 만든다고 지적했다. 조화라는 틀에 들어가지 않으면 엄청난 스트레스와 리스크를 감내해야 하기에 대부분의 사람이 그냥 안전한 틀 속에 들어가는 삶의 방식을 택하고 만다는 것이다. 집단적 사고와 정념은 그래서 늘 건재하며 상식이 부족한 사회나 조직에서 발생하는 모순을 상식적인 도리로 얘기하면 온갖 비난을 짊어질 각오를 해야 하는 것이다. 가령 정치를 예로 들면, 좌파든 우파든 한쪽 편에 속해서 조직의 논리를 수호하는 입장을 취하지 않고, 양쪽에 다 상식의 잣대를 들이대는 '생각하는 자'들은 어디에도 설 자리가 없다.

이러한 현실은 형태만 조금 다를 뿐 사회 내 대부분의 집단이나 조직에서 일상적으로 볼 수 있는 패턴이며, 그러다 보니 어떤 조직이나 집단에 속해서 특정 논리에 동화되는 것이 일반적으로 가장 안전한 방식의 삶으로 인식된다. 물론 사회의 특성상 조직 논리나 집단적 정념이 필요한 부분도 있지만, 문제는 제대로 된 리더나 참모의 역할이 없으면 조직의 방향성이 잘못 흘러갈 때도 모두가 일사불란하게 그 방향으로 쏠린다는 점이다. 그리고 이것이 가능하여지도록 하는 가장 흔한 착각 중 하나가 바로 '똑똑한' 사람들이 모여 있으면 응당 좋은 결과물이 나올 것이라는 기계적인 발상이다.

하지만 사회적으로 성공했거나 엘리트 코스를 밟아온 사람들일수록 자기 생각에 점점 매몰되어 자기 지식을 보완하지 않거나 타협책을 찾지 않는 근시안적 자기 과신(myopic over-self-confidence)에 빠지기 쉽다는 점을 간과해서는 안 된다. 코넬대학의 앵거스 힐드리스(Angus Hildreth) 교수는 리더십 컨설팅을 위해 많은 글로벌 기업의 최고위급 임원들을 만나면서 개개인의 능력은 뛰어난데 모여 있을 때 서로 의견 차이를 좁힐 줄 몰라서 제대로 된 결정을 내리지 못하는 점을 발견했다. 자기 지식이 풍부하다고 느낄수록 자기와 생각이 다른 사람의 견해에는 아예 귀를 기울이는 노력조차 하지 않는 것이다. 소위 엘리트라는 사람들이 모인 집단에서 내린 결정이라는 이유 하나만으로 최적의 판단이라고 간주해서는 안 되는 이유다.

③ 변치 않는 진리란 없다는 것을 안다

독일의 심리학자 엘프리다 뮐러 카인츠(Elfrida Muller-Kainz)는 저서 《직관력은 어떻게 발휘되는가》에서 인간은 내적 변화에 일단 저항하려는 성질을 가지고 있다고 말한다. 이를 항상성(homeostasis) 이라고 하는데 한마디로 변화를 자신의 시스템을 파괴할 요소로 간주하여 거부 반응을 일으키는 것이 두뇌의 기본 세팅(default)이라 는 것이다. 즉 인간의 뇌는 생물학적으로 내적 변화에 두려움과 귀찮은 감정을 느끼도록 설계 되어 있기 때문에 각자의 인생에서 보고 듣고 배운 것으로 형성된 좁은 관념의 세상을 넘어서서 한 차원 높은 시선을 가지기란 매우 어렵다.

일반적으로 전체의 그림을 한눈에 보지 못하는 사람들은 '부분' 에 집착하는 경향을 보이며, 이러한 어설픈 마인드를 가진 사람들 이 사회 지식인을 자청할 때 드러나는 가장 대표적인 특성 중 하나 가 상대방의 오류에 집착하는 것이다. 가령 정치인, 언론, 선동가, 호사가들의 언행을 보면 꼬투리 잡기를 잘하는 것이 주특기인 사람 이 많은 것처럼 말이다. 가령 어떤 작가가 책의 전반부 어디쯤에서 자유민주주의에 대해 긍정적인 표현을 하였고, 후반부 어디쯤에서 사회주의에 대해 긍정적인 말을 써놓았다면 꼬투리를 잡는 데 탁월 한 재능이 있는 사람들은 그 모순을 발견한 것에 대해 묘한 쾌감을 느끼며 주먹을 불끈 쥘 것이다.

하지만 이러한 단선적인 사고의 오류는 어떤 점에서는 자유민주주의가 옳고 어떤 부분에서는 사회주의가 옳은 면이 있다는 전체 맥락을 이해하지 못하는 것에 기인한다. 그뿐만 아니라 어떤 시대적 상황에서는 사회주의적 측면이 더 필요하다가 시간이 지나서 상황이 바뀌면서 자유민주주의의 특성이 더 많이 고려되어야 할 수도 있다. 에머슨하우스 교육연구소 서동석 소장의 저서《에머슨 인생학》에 나오는 한 대목을 주목할 만하다.

"에머슨은 변화하는 삶의 진실을 고려하지 않는 경직된 일관성을 어리석은 일관성(foolish consistency)이라고 부른다. 에머슨은 세상의 바른 변화를 주도한 위인들이 예외 없이 사회적 통념보다는 삶의 진실을 추구한 사람들이라고 통찰한다. 그들은 고정된 가치 체계로 세상을 해석하지 않았다."

맥락적 지성이 뛰어난 사람들은 정치권이나 조직 문화에서 자주 쓰이는 '변절자' 또는 '배신자' 등의 표현이 얼마나 유아적인 세계관에서 기인하는지를 한눈에 알아차린다. 하지만 반대로 시야가 좁은 사람들에게는 전체의 궤를 읽는 지성의 유연함이 모순 또는 이도 저도 아닌 것으로 인식될 수 있음은 세상의 안타까운 측면 중 하나다.

④ 균형의 중요성을 깨닫는다

인간은 무언가 새로운 것을 갈구하는 동시에 지나친 변화를 싫어한다. 이처럼 양가적인 것이 자연의 속성이라면 무엇이든 적절한 수준의 균형을 이루는 것이야말로 본능에 가장 충실한 것일 수 있다. 동양의 철학은 이를 음양의 조화라는 표현으로 이야기하고 있다. 이는 지나치게 형이상학적인 이야기가 아니라 우리의 일상생활에도 그대로 적용이 된다.

가령 영업 사원이란 직업을 예로 들어보자. 우리는 흔히 외향성이 강할수록 영업 관련 직무에 더 적합할 것이라는 생각을 한다. 하지만 한 심리학 연구에서 세일즈맨들의 외향성을 측정하고 그들의 영업 실적을 추적하였더니 의외로 외향성이 강한 사람들보다 중간 정도의 외향성을 띠는 사람들에게서 가장 높은 실적이 보인다는 것이 발견되었다. 연구진은 그 이유를 지나치게 자신감이 강한 모습이 오히려 고객들에게 방어적인 태도를 갖게 하는 반면, 중간 정도의 외향성을 지닌 사람들은 적절한 친밀감을 유지하면서도 고객의 특성을 잘 캐치하고 상황에 맞게 자기 행동을 잘 조절하는 유연성이 있었기 때문이라고 분석했다.

운동선수도 마찬가지다. 전문가들의 말에 따르면 최고의 운동선수가 되기 위해 가장 중요한 자질도 의외로 '자아 성찰' 능력이라고 한다. 말인즉슨 운동선수로서 어느 정도 수준까지 올라가는 것은 운동만 열심히 하는 것으로 가능하지만, 어떤 종목이든 '톱클래스'에 도달하는 운동선수들을 유심히 관찰하면 하나같이 자아 성찰 능력이 아주 뛰어나다는 공통점이 보인다는 것이다.

이처럼 흔히 외향성이 가장 중요하다고 생각되는 영역에서도 높은 수준의 내면적 에너지가 받쳐줘야만 최고의 위치에 도달할 수 있는 것이다. 한 개인의 성공에서도 적절한 균형이 가장 이상적인 조건이라면 조직과 사회의 영역에서는 말할 것도 없다.

6-2. 완전을 꿈꾸지만 불완전한 상태

영국의 해리 왕자(Prince Harry)와 그의 아내 메건 마클(Meghan Markle)은 작년 미국에서 열린 한 행사에 참여한 다음 날 황당한 일을 겪었다. 영국의 언론 데일리 메일(Daily Mail)에서 일방적으로 그들의 이중잣대와 위선을 비판했기 때문인데, 대략의 논지는 영국 왕실이 환경 보호 운동에 목소리를 높이는 와중에 해리 왕자 부부가 캐딜락 SUV(*연비가 낮은)를 타고 이동을 했다는 것이다.

해당 언론은 해리 왕자가 단지 캐딜락 SUV를 탔다는 독립적인 이유 하나를 근거로 위선적인 행동이라며 그가 환경에 대해 말할 자격이 없다고 선을 그어 버렸다. 이 스토리에서 우리는 언행일치, 즉 무조건 말한 대로만 살아야 하는가에 대한 질문을 안 해 볼 수 없다.

언행일치에 대한 환상

캘리포니아대학의 철학과 교수 에릭 슈비츠게벨(Eric Schwitzgebel)은 윤리학을 강의하는 철학자들의 도덕성이 일반인들보다 더 나은가에 대한 주제로 흥미로운 연구를 진행했다. 결과는 한마디로 그렇지 않았다. 철학자들과 일반인의 평균적인 도덕성에서 유의미한 차이를 발견하지 못했다는 것이다.

동서고금을 막론하고 주옥같은 책을 썼던 작가나 사상가들 중에서도 본인들이 책에 썼던 이상적인 모습을 직접 100% 실천하면서 살았던 사람은 거의 없다. 그들이 책을 통해 남들에게 소개하는 '완벽함'은 대개 본인이 되고 싶은 모습이나 상태를 투영하는 경우가 많으며, 이런 맥락에서 책을 쓴다는 행위는 저자 개인의 목표 설정을 가장 고상한 방식으로 하는 것에 가깝다고 할 수 있다. 결국 완벽한 인간은 존재하지 않으며 모두가 다 각자의 방식으로 노력하면서 살 뿐이라는 말이다. 과연 누군가가 그런 작가들의 책과 실제 삶을 일일이 따져보고 철저하게 비교하여 언행 불일치를 발견하면 그 특정 단면만을 보고 위선자라고 욕할 자격이 있을까?

예를 들어 미국의 사상가 소로우를 보고 위선자라고 비난하는 시선이 있다. 그가 생태주의를 외치며 숲속에서 홀로 자족하는 척하면서 사실은 몰래 엄마 집에 들러 파이를 먹고 빨래를 맡겼으며 종종 마을로 나와서 우체국이나 카페에도 들렀다는 이유다.

하지만 소로우는 자연과 벗 삼아 사는 삶을 예찬한 것이지 100%

사회로부터 단절되어야 한다고 주장한 적은 애초에 없다. 이처럼 상대의 빈틈을 확대하여 남을 두 얼굴이라고 지적하는 것은 조금 유치한 발상이다. 사회학자 어빙 고프먼(Erving Goffman)도 그의 저서 《자아 연출의 사회학》에서 인격은 사회 작용의 유지를 위한 상호 담합의 결과물이며 일정 수준의 자기 연출은 인간으로서 꼭 필요한 요소라고 언급한 바 있다. 신성해지고 싶은 욕망과 세속적인 욕망이 동시에 내재하는 인간의 본성에서 균형을 잡는 것이 중요하지 1%의 티끌을 보고 내 식대로 함부로 판단할 문제가 아니라는 것이다.

우리가 경계해야 할 위선이란 무언가를 억지로 좋은 것으로 포장하려는 것이지만, 좋은 의도를 가지고 노력함에도 불구하고 완벽하지 못한 것은 분명히 구별되어야 하는 개념이다. 물론 영국의 해리 왕자가 둘 중 어느 쪽이었는지는 알 수 없다. 오히려 그래서 함부로 판단을 내리고 단정 짓는 것은 곤란하다는 것이다.

완벽함에 대한 환상이 만들어 내는 공식

무소유 정신도 마찬가지다. 무소유는 비우는 것에 그 본질이 있지만 궁색한 빈털터리가 되라는 말이 아니다. 법정 스님의 말처럼 그것이 물질적인 것을 다 버리고 포기해야 한다는 뜻이 아니라 본질은 물질에 집착할 때 도리어 인간이 물질에 가짐을 당하는 현상(집착)을 경계하자는 메시지다.

가만히 보면 우리 사회에는 마치 가난하거나 속세를 떠난 사람들만이 무소유를 말할 수 있는 일종의 '자격증'이 주어지는 듯하다. 소위 좀 가진 사람이 무소유를 말하거나 혹은 반대로 무소유를 말하는 사람이 좀 가졌다는 것이 드러나는 순간 바로 위선자, 이중인격자로 낙인찍힌다. 하지만 이 또한 상대성을 제대로 이해하지 못해 무소유의 개념을 이분법화한 것인데 즉 사람의 내면적 의지 또한 겉으로 드러나는 모습으로만(가난해야) 해석하겠다는 또 다른 형태의 고정관념이다.

투자의 신이라 불리는 워런 버핏은 1958년에 당시 3만 2천 달러에 구매한 오마하의 집에 지금까지 살고 있다. 물론 지금 시세는 많이 올라서 91만 달러(한화 약 12~13억 원) 정도라고 하는데, 여전히 세계 최고의 부자 중 한 명인 그의 재산에 비하면 만분의 일도 안 되는 금액이라고 한다. 또한, 그는 남은 생을 살 동안 전 재산의 약 99%를 기부하겠다고 선언한 뒤 실제로 지속적으로 이를 행동에 옮겨 왔고 현재까지 기부한 총금액이 발언 당시 본인 자산의 50% 이상을 넘어섰다. 여전히 수십조 원의 재산을 가졌지만, 그가 무소유 정신을 말한다면 그 누구도 그를 이중인격자라 말할 자격이 없는 것이다.

이것이 무소유의 상대성이다. 즉 본질은 가지지 말라는 뜻도 아니며 당장 무엇을 또는 얼마를 가지고 있느냐를 따지는 정량적 개념이 아니다. 무소유의 진정한 본질은 내재적인 불안감이 무언가를 지키려고 애쓰는 마음에서 온다는 것을 깨닫고 집착을 내려놓을 때 새롭게 채워지는 것과 그 만족감을 아는 것이다. 무언가를 지키기 위한 마음이 스트레스, 두려움, 시기, 불안, 질투가 되는 순간 내가 물질을 소유하는 것이 아니라 물질이 나를 구속하게 되기 때문이다. 워런이 억만장자라 하더라도 그러한 감정에서 자유롭다면(*우리가 알 수 없지만 만약 그렇다면) 그는 충분히 무소유 정신에 맞는 삶을 살고 있다고 할 수 있다.

절식과 운, 그리고 무소유의 관계

미즈노 남보쿠는 에도시대 당시 일본 제일의 관상가, 사상가로 꼽혔는데 특히나 소식을 하는 습관과 사람의 운명이 매우 밀접한 연관이 있다는 '절식개운설(絕食開運說)'로 널리 알려진 인물이다. 그의 철학은 대강 절식 및 소식을 하면 내장의 상이 좋아지고, 이는 곧 좋은 관상으로 이어지며, 관상이 좋아지면 운명이 바뀐다는 이론이다. 동양 철학이나 불교에서도 필요 이상으로 지나치게 많이 먹는 것을 카르마(업보)를 쌓은 것으로 인식해 왔기에 우리 문화권에서 비교적 익숙한 내용이기도 하다.

이와 관련해 꽤 흥미로운 인터뷰가 있었는데 바로 자수성가로 1조 원대의 부를 이룬 재미교포 사업가이자 베스트셀러 작가이기도 한 김승호 회장의 말이다. 그는 한 인터뷰에서 평소 음식 습관에 대한

리포터의 질문에 소식을 하는 것이라 대답했다. 이어서 그는 이런 부연 설명을 덧붙였다.

> "음식 섭취 자체가 본질적으로 다른 생명을 섭취하는 것이기 때문입니다. 음식은 생명을 유지하기 위해 섭취를 안 할 수는 없지만, 그걸 과하게 하는 것은 전체의 생명체(시스템)에 영향을 주고 결국 그 영향(카르마)이 나에게 옵니다. 즉 과식이 내 운을 나쁘게 한다고 보기 때문에 조심하는 것입니다."

보통 엄청난 자산가라고 하면 다양한 음식과 가지각색의 고급 요리를 매일 무한정 먹을 것이라는 이미지와 전혀 다른 답변이다. 오히려 적은 양의 음식을 먹어서 끊임없이 부족함을 느끼는 상태를 일종의 수행으로 여기며 그러한 습관을 유지한다는 것이다. 한마디로 그는 무소유 정신을 매일 실천하고 있는 사람이다. 만약 누군가 그에게 "당신은 1조 원대 자산가이니 무소유 정신을 언급할 자격이 없다."라고 말한다면, 하나의 측면만 보고 전체를 설명하려는 우매함을 드러내는 것이다.

성인(聖人)의 사전적 정의는 사리에 통달하고 지혜가 뛰어나 만인의 스승이 될 만한 사람을 일컫는다. 《노자 도덕경》에서도 성인이란 소리 없는 것을 들으며 보이지 않는 것을 볼 수 있는 사람이라고 풀이한다. 즉 남이 보지 못하는 질서를 보는 눈(통찰력)을 가진 사람을 뜻하며, 도덕적으로 한치의 흠 없는 완결의 상태를 의미하는 것이 아니다.

오히려 윤리적인 완벽함을 추구하는 것이 강박이 되면 더 무서운 짓을 저지를 수 있는 게 인간이다. 얼핏 상대에게서 보이는 모순이 큰 맥락을 이해하면 위선이나 이중 잣대가 아닐 수도 있다는 점을 알게 되면 타인의 실수와 허점에 돋보기를 가져다 대고 필요 이상으로 크게 볼 이유가 없다.

6-3. 건강한 이기주의

잘 알려진 대로 악어와 악어새는 공생관계이다. 하지만 악어새의 행동이 악어를 위해서 하는 것이냐면 그렇지 않다. 그저 자신을 위해서 하는 일이 결과적으로 악어에게 도움이 되는 것뿐이다. 아름다운 꽃도 역시 사람들을 위해서 피는 것이 아니라 그저 자기 유전자대로 최선을 다하는 것뿐이다. 이러한 자연의 이치가 인간 사회에도 그대로 적용이 된다는 취지의 말이 있는 데 바로 노벨경제학상 수상자 밀턴 프리드먼(Milton Friedman)이 남겼던 말이다.

"There is one and only one social responsibility of business." - "to use its resources and engage in activities designed to increase its profits so long as it stays within the rules of the game. (비즈니스의 사회적 책임은 단 하나다. - 가지고 있는 자원을 최대로 활용하여 조직의 이윤을 끌어올릴 수 있는 행위에 참여하는 것이다. 단, 게임의 규칙 안에서 행동해야 한다.)"

미국의 많은 경영인이 다른 사람에게 해를 끼치면서까지 자신의 이윤을 최대로 내고자 하는 행위를 할 때 이 명언을 악용하는 경우가 많은 데 이는 표면적으로만 해석을 했기 때문이다. 내가 생각하는 이 말에 담긴 진짜 의미는 각자에게 주어진 고유의 역할과 의무를 깨닫게 되면 그 길을 따름에 있어서 나를 위한 행위가 곧 사회를 득 되게 한다는 것이다.

사회에 도움이 된다는 것

태풍은 인간 사회에 큰 피해를 가져온다. 하지만 태풍의 강한 바람이 해수 전체를 섞어 주는 역할을 하여 바다 생태계를 건강하게 해주기도 한다. 또한, 지구 곳곳에 존재하는 열에너지 불균형을 맞춰 주는 매우 중요한 일을 하고 있다. 단순하게 생각하면 태풍이 인간에게 주는 피해만을 생각하고 태풍을 '부정(negative)'의 개념으로 인식할 수도 있지만, 전체의 그림, 즉 전일성을 파악하면 그것이 없었더라면 애초에 우리가 지구에 살 수 있는 적절한 환경이 조성되지 않았을 것임을 이해할 수 있게 된다.

이러한 원리는 인간 사회에도 그대로 적용된다. 가령 인류 역사의 한 획을 그은 기업인 일론 머스크나 스티브 잡스 같은 인물을 보며 그들의 별나고 까탈스러우며 강퍅한(eccentric) 성격을 지적하는 사람들도 적지 않다. 그들의 성격을 흠으로 지적하는 사람들은 가령 '일론이나 스티브가 성격만 좋았더라면…' 따위의 말을 쉽게 하지만, 정작 이런 식의 지적을 하는 사람들이 간과하고 있는 점이 있다. 독특하고 남의 눈치를 보지 않으며 거침없는 그들의 성격이 창의성을 극대화하는 데 큰 도움이 되었다는 사실이다. 즉 인간에 대한 조금 더 깊은 이해가 있다면 겉으로 보이는 모습은 본질을 파악하는 데 큰 한계가 있다는 것을 자연스레 깨닫게 된다. 한 가지 확실한 것은 이 사회에 도움이 되는 건강한 구성원으로서의 역할을 하고 싶다면 인간의 본성인 내면의 이기심을 감추고, 억지로 착해져야 한다는 강박관념을 가질 필요가 없다는 것이다. 자기 이기심을 최대한 발현하되 그것이 공공과 전체의 이익에 부합되도록 점검하고 끊임없이 성찰하는 자세가 중요하다.

오해받아 온 이기주의

율리엔 바크하우스(Julien Backhaus)의 책 《자유로운 이기주의자》에서는 이기주의라는 개념에 나쁜 프레임이 씌워진 이유를 분석하는 부분이 나온다. 우선 가장 대표적인 이유로는 이기주의자들이 자율적이어서 눈치 보는 사람들보다 다루기가 어렵다는 점을 들고 있다. 오래전부터 권력자들은 이기주의는 죄악이라는 관념을 퍼뜨림으로써 사람들이 말을 온순하게 따르도록 하는 방법을 터득했다는 것이다.

피지배자들이 무의식적으로 양심의 가책을 느끼도록 하여 굳이 일일이 말하지 않아도 스스로를 통제하게끔 하는 이러한 세뇌는 오랜 인류 역사 동안 지배 계층에 엄청난 이득을 가져다주었다.

그렇다면 이기주의의 프레임을 조금 바꿔보자. 과연 아무나 이기주의자가 될 수 있는가? 결코 아니다. 다른 사람들과 조금이라도 다르다는 인상을 주면서 살기는 쉽지 않다. 특히 한국처럼 전체주의 문화가 극심한 나라에서 자율적이고 주체적으로 행동하려면 엄청난 용기와 에너지가 필요하다.

그래서 기득권이나 정치인들은 이기주의를 싫어한다. 자신들이 의도한 대로 한꺼번에 우르르 움직여 줘야 하는데 이기주의자들은 그런 분위기에 휩쓸리지 않고 독자적인 판단을 내리기 때문이다. 그래서 자립을 추구하고자 한다면 반드시 건강한 형태의 이기주의가 필요하며 이는 결코 제멋대로 군다는 의미가 아니다.

지나친 자아의 팽창으로 망상에 빠진 나르시시스트와는 구별되어야 하는 개념이다. 건강한 이기주의자는 자신이 독립적인 존재라는 것을 자각하고 원하는 것을 위해 노력하는 사람들, 시키는 대로만 하지 않는 사람들이다. 더 나아가 진정으로 자신을 아끼는 마음에서 발현된 자기애를 '건강한 이기주의'라고 부른다면 이는 곧 이타주의로 연결될 수도 있다. 가령 나를 사랑하는 것이 세상을 사랑하는 것과 동일시되는 형태다. '나'라는 개념 자체가 확장되면 '나'를 위해 하는 행동이 더 큰 개념을 위한 행동과 연결되는 것이다. 가령 보통 사람들에게는 타인을 사랑하는 것과 자신을 사랑하는 것이 서로 다른 배타적인 개념이지만, 성인(예수 등)들일수록 자기애와 세상을 사랑하는 마음 간의 거리가 좁아지거나 또는 때에 따라서 하나의 개념으로도 지각될 수 있다. 그들에게는 이기심이 곧 이타심이 되는 것이다.

6-4. 미디어 리터러시

　나는 중국인(계) 커뮤니티가 아주 큰 싱가포르와 시드니에서 오래 생활을 했기에 많은 중국계 사람과 교류를 해왔다. 중국인들과 대화를 하다 보면 종종 어처구니없는 소리를 하는 것을 목격할 때가 있지만, 그중 한국과 관련된 레파토리도 있다. 바로 한국인들이 중국의 특정 문화를 자기 것이라 주장한다는 오해다.

- ◆ 한국인들은 한자가 한국에서 기원했다고 주장한다.
- ◆ 한국인들은 공자가 한국인이라 주장한다.
- ◆ 한국인들은 쿵푸가 한국 것이라 주장한다. 등

　중국의 관영 언론들이 반한 감정을 조장하기 위해 오래전부터 이러한 류의 뉴스를 중국인들에게 지속적으로 노출시켰기에 일어나는 일이다. 우스꽝스러운 점은 명문대를 나오거나 박사 학위가 있는 소위 좀 배웠다는 중국인이나 중국계 사람들도 이것을 실제로 믿고 있다는 것이다. 오히려 스펙이나 사회적 지위와 관계없이 평소에 '생각'을 하고 사는 '극소수'의 중국인들은 이러한 정보가 오류라는 것을 지각한다. 이처럼 온갖 편견, 가짜와 함께 살고 우스꽝스러운 오해를 하면서도 제대로 된 '헛소리 감지 기능'을 탑재하지 않은 이상 무엇이 오해인지조차도 모르고 살아간다.

물론 중국 정도는 아니라 할지라도 한국의 경우도 정보의 왜곡은 극심하다. 특히 대형 포털 사이트가 언론사에 대금을 지급하는 방식이 인터넷 뉴스 플랫폼을 쓰레기통으로 만들었다. 가령 네이버가 언론사들에 지급하는 금액이 연간 약 3천억 원 정도라고 하는데 각각의 언론사가 얼마의 파이를 가져갈 것인가는 클릭 수에 달려 있다는 것은 비밀도 아니다. 더 자극적이고 분열을 조장하는 흐름이 이어질 수밖에 없다.

전통적으로 검열이라고 하면 정보를 가진 힘이 있는 집단에서 정보를 선별하고 차단하는 방식이었지만, 현대 사회에서는 수많은 정보가 폭포수처럼 쏟아지는 것 자체가 검열의 기능을 한다. 아이러니하게도 너무 많은 정보가 쏟아지니 결국 일부 소스(source)나 알고리즘에 의존할 수밖에 없게 되고, 어떤 특정한 부분만 지속적으로 받아들이면 각각의 색안경을 끼게 되는 것이다.

그래서 우리는 다양한 매체를 이해하고 핵심 메시지를 분석할 수 있는 능력을 갖추어야 한다. 미디어 리터러시(media literacy, 미디어 문해력)를 이해해야 한다는 말이다.

가차 저널리즘

일본의 정신의학자 오카다 다카시의 저서 《심리를 조작하는 사람들》에는 상대방이 시야 협착 증상에 빠져 좁은 세계에만 머물도록 하는 가장 좋은 방법이 정보의 내용과 양을 제어하는 것이라고 말한다.

아마도 미디어가 대중의 시야를 좁게 하는 가장 흔한 형태 중 하나가 바로 가차 저널리즘(gotcha journalism)일 것이다. 한국어로 '딱 걸렸어' 즘으로 해석할 수 있는 영어 표현 'I got you'의 연음을 흔히 gotcha(가차)라는 식으로 발음하는 것에서 유래된 용어다. 한국식 표현으로 하자면 '꼬투리 저널리즘' 정도가 될 수 있다.

가령 정치인이나 유명인들이 다양한 매체에서 사소한 말실수 하나만 하면 그것을 꼬투리 잡아서 본인의 의도하는 쪽으로 편집하거나 뻥튀기해서 크게 이슈화하는 것을 우리는 늘 접한다. 좌파 언론은 우파 정치인의 꼬투리 잡기에 여념이 없고 우파 언론은 정확히 그 반대다. 기자들이 대통령의 국정이나 정책 등에 관심을 두기보다는 - 소속된 언론사의 이념적 편향에 따라 - 사소한 동작의 실수나 실언, 복장, 근거 없는 소문, 가족 이야기, 추측 혹은 특정 상황에서의 작은 헤프닝 등 극히 미세한 것을 마치 큰일인 것처럼 크게 조작하거나 또는 물고 늘어지기 식으로 반복적으로 보도한다. 어떻게든 사안을 쟁점화해 혐오감과 적대감을 반복적으로 드러내고 본인들이 원하는 특정한 방향으로 상대방을 낙인찍고 주홍 글씨를 새기기 위해서 최선을 다한다. 자신의 아집을 기반으로 일반화를 폭력적인 기법으로 하는 것이다. 그리고 무슨 일이 있어 시위를 하는 게 아니라, 시위하기 위해 눈에 불을 켜고 소재를 찾는 적지 않은 수의 군중들에게 이러한 보도 행태는 단비 같은 존재이다.

이렇게 만난 물과 고기는 사회 혼란과 갈등의 진원지가 된다. 물론 미디어의 핑계도 없지 않다. 대중들이 이러한 정보를 소비하는 것을 좋아하기 때문에 어쩔 수 없다는 것이다. 그래서 대중들이 더 똑똑해져야 한다. 이렇게 저열하고 천박한 미디어를 접하면서 문제의식을 못 느끼는 사람은 극도의 비정상에 물들어 비정상이 정상인 줄 알고 살아가는 것과 같다.

정보를 분간하는 눈

키스 스타노비치(Keith Stanovich)의 책 《우리 편 편향》에서 지적하듯 인간의 신념은 스스로를 복제하고 자체적 이익을 추구하는 밈플렉스이기에 기존의 신념을 강화해 주는 정보는 무척 쉽게 받아들인다.

미디어는 아주 오랫동안 이러한 원리를 이용해 왔다. 정보는 밈

음의 체계를 통해 여과되므로 결국 몇 개의 규칙 또는 이미 형성되어 있는 나만의 틀에 꿰맞추려 하는 것이다. 특히나 신문이나 책을 많이 읽는 사람들은 더 조심해야 한다. 확증 편향의 뿌리가 더욱 깊고 단단하게 형성되어 있을 확률이 높기 때문이다.

　내가 온라인에서 봤던 한 북토크 영상을 예로 들 수 있다. 대한민국의 내로라하는 좌파 지식인들이 소로우의 책 《시민의 불복종》에 대해 심도 있는 북토크를 하는 영상이다. 《월든》을 쓴 진정한 자유인이자 문학의 거성인 소로우의 정신을 '진정으로' 이해했다면 한쪽으로 편향된 본인의 사고를 조정하는 것부터 먼저 성찰해야 했을 것이다. 하지만 경계를 인식하고 자기를 돌아보는 노력은 하지 않은 채 책 속의 어떤 특정 문장 등을 자신의 세계관으로 이해하고 받아들여 기존의 사상을 더욱 공고히 하는 방식으로 토론하고 있었다. 가령 소로우의 책을 앞에 놓고 자신이 우파의 한 국회의원을 왜 그리 많이 고소했는지, 다른 토론에 나가서 어떤 방식으로 우파 상대 진영의 지식인을 공격했는지 등을 자랑처럼 늘어놓는다. 인지 왜곡의 메커니즘이 다 포함되어 있는 것이다.

◆ 과잉 일반화 - 서로 다른 점을 무시하고 같은 점만 주목하여 하나로 생각

◆ 선택적 추상화 - 보고 싶은 것만 선택적으로 보며 전체의 의미 해석

◆ 흑백논리 - 모든 것을 이분법적 논리로 해석

세속적인 명예에 관심을 두지 않은 채 대자연을 있는 그대로 사랑했던 사상가 소로우의 책을 리뷰하면서 이러한 소리를 한다는 것은 너무나도 황당한 일이 아닐 수 없다. 책에서 '불복종'과 '저항'을 이야기한다고 무조건 '집권당'에 반대하고 '반대편'과 싸워야 함을 뜻한다고 저차원적으로 인식하는 것이 수많은 군중을 이끌고 다니는 지식인들의 한계라니 그저 안타까울 따름이다.

우수한 의식과 정신을 이해한다는 것은 단순히 지식과 머리로 할 수 있는 것이 아니다. 기본 바탕이 되는 세계관이 편협하면 우물을 파듯 깊이 들어가기만 하는 지식은 무용지물이다. 설사 그것이 별의별 현학적 수사와 현란하고 멋들어진 말로 포장되어 있더라도 말이다.

마녀사냥 문화

한국의 마녀사냥 문제는 하루 이틀 일이 아니다. 이 또한 정보를 제대로 분별하는 능력이 없는 사회일수록 더욱 심하게 나타나는 현상이다. 그저 압력이 가득한 상태에 누군가가 불만 지피면 되기 때문이다.

2000년대 이후 대한민국에 크고 작은 수많은 사건이 있었지만, 한 개인에게 유별나게 심한 마녀사냥이 자행된 대표적인 케이스로 유승준 사건이 있다. 20년이 넘어도 한 개인을 용서하지 않는 사회의 모습을 보면 무엇이 이리 화가 많은 사회를 만들었나 고찰해 보지 않을 수 없다. 2002년, 가수 유승준이 미국에서 시민권을 획득한 뒤 한국에 귀국했을 당시 출입국관리소장은 출입국관리법 11조 1항 3호에 근거하여 '대한민국의 이익이나 공공의 안전을 해하는 행동'이라는 입장으로 입국 금지를 했고 그러한 조치는 유씨의 각고의 노력에도 불구하고 20년이 지나도 풀어지지 않고 있다.

2021년, 19년이라는 세월이 지난 상태에서 그가 행정 소송을 내면서 다시 문제가 불거졌고, 온라인상에는 혐오 글이 난무했다. 한국에서 활동하며 영리를 획득하고 '아름다운 청년'이라는 별칭을 받고도 미국 시민권을 따서 병역 기피를 했다는 괘씸죄다.

하지만 이성적으로 곰곰이 생각해 볼 부분이 있다. 우선 미국 시민권은 신청한다고 아무한테나 주는 것이 아니다. 그만한 자격 요건(최소 영주권)을 갖추어야 할 터인데 그러한 자격 요건을 갖춘 상태에서 선택의 기로에 놓인다면 대한민국 청년 100명 중 몇 퍼센트가 군대에 가려고 할까? 특히나 비이성적인 병영 문화가 당연시되었던 당시 시대 상황을 기준으로 한다면 오히려 안 가는 것이 보통이고 '그럼에도 불구하고' 가는 것을 기특하다고 칭찬해 주어야 할 문제다.

그뿐만 아니라 1990년대 남자 톱스타 중 군대를 제대로 간 사람이 몇이나 있었던가? 돈과 인맥이면 모든 것이 가능하던 시절이었다. 90년대 데뷔하여 현재까지도 대한민국 최고의 스타라고 하는 몇몇 남자 배우를 떠올려 보라. 제각각의 건강상의 이유를 핑계로 군대를 가지 않은 이들이 수두룩하다. 그렇다면 오히려 정당하게(자격 요건을 갖추어) 미국 시민권을 획득하여 자동으로 대한민국에서의 병역 의무가 '상실'되도록 한 선택은 그 속이 뻔히 보여 조금 비겁하게 느껴질지는 몰라도 적어도 불법과 각종 편법으로 병역을 '기피'한 다른 연예인들보다는 '차악'이라는 뜻이다.

그런데도 군중은 '불공평'이라는 키워드에 관한 그동안 쌓어 담고 모아왔던 모든 불만을 유승준이라는 한 개인에게 폭발시켰고 20년이 지나도 용서하지 않고 있다. 무엇이 그리 화가 나냐 물으면 여전히 "군대에 간다고 약속했다가 말을 바꾼 것이 괘씸하다고 한다." 하지만 20대라는 어린 나이에 사소한 것에도 마음이 흔들리고 바뀐 경험이 없는 사람이 있던가? 오히려 더 간계한 방식으로 병역 기피를 한 많은 연예인들은 대한민국의 귀족이 되어 지금도 부와 명예를 누리며 살고 있다.

결국 '군중 배심원'의 화가 폭발되는 트리거는 실질적인 죄의 경중이 아니라 미디어의 집중포화를 맞느냐 아니냐 또는 사회나 정치적 상황에 따라 어떤 프레임이 씌어지냐이다. 표현 방식만 시대에 맞게 조금 문명화되었을 뿐 사고의 메커니즘은 중세 시대의 마녀사냥에 견주어 하나도 진화된 것이 없다.

예술평론가 수전 손택(Susan Sontag)의 《타인의 고통》이라는 책에는 인간들이 화재 사건이나 충격적인 살인 사건 등 끔찍하기 이를 데 없는 뉴스를 보는 이유가 언급된다. 바로 우리 내부 한구석에 은밀하게 자리 잡고 있는 잔악함에 대한 사랑이라는 것이다. 가령 우리가 표면적으로 안타까움을 느낀다고 해서 무의식도 100% 그러하다고 착각해서는 안 된다. 흔히 사람들의 감정 표출은 무의식에 있는 감정과 완전히 동일하지는 않은 경우가 매우 흔하며 어떤 특정한 행위에 화를 지나치게 내는 것도 무의식에 있는 자기 모순적인 감정을 은폐하기 위한 반응이 많다. 독일의 정신분석학자 에리히 프롬(Erich Fromm)의 표현을 빌리자면, 표면상의 '도덕적 분노'로 적개심과 부러움 또는 공격성 등이 투영된 자신의 무의식을 합리화할 수 있는 것이다.

다시 유승준 사건으로 돌아가 보자. 의식적으로 드러난 부분만 보자면 "믿었던 대중을 기만하는 행위라서 화가 난다." 또는 "다른 장병들의 사기가 떨어진다." 등이지만, 그것이 폭발적인 분노의 연쇄반응으로 이어지고 20년이 지나도 용서가 안 될 만큼 죽을죄인가? 곰곰이 따져보면 앞서 언급했듯 근거가 빈약하거나 매우 비정상적일 정도로 한 사람에게 화가 집중되었다. 오히려 미디어나 권력(정치, 군부 등)의 영향력이 대중의 가학성을 극단적으로 유도하여 한 개인이 분노의 로또를 맞은 케이스다.

인간은 가학적인 성향을 어느 정도 다 가지고 있다. 가령 남이 난처하고 굴욕적인 상황 또는 경제적 실패 등에 직면한 모습을 보고 정도에 따라서 고소함 또는 안도감을 느낀다는 사실은 매우 듣기 불편하지만 인정할 수밖에 없는 사실이다. 오죽하면 이러한 심리 상태를 지칭하는 샤덴프로이데(Schadenfreude)라는 용어가 따로 있을까. 그리고 가학적 성향을 만족시키는 일을 찾으면 그 욕구를 분출하는데 겉으로는 '도덕'과 '올바름'으로 교묘하게 위장되는 경우가 매우 흔하다. (정작 노벨평화상을 누가 무엇 때문에 받는가 등에는 아무런 관심도 없다.) 여론이 이러한 장막을 걸치고 누군가를 나쁘게 몰아갈 때, 철저한 사고 훈련이 되어 있지 않은 사람들은 쉽게 동조되어버린다.

인간은 본질적으로 매우 불완전한 존재이며 우리의 의식과 정신은 주변 환경과의 끊임없는 상호 작용을 통해 끊임없이 성장하는 것임을 잊어서는 안 된다. 특정 시점에 누군가 저지른 실수에 대해 도덕적 분노와 정의, 평등이라는 허울 좋은 이름으로 한 개인을 사회적으로 매장하려는 흐름을 미심쩍은 눈으로 바라볼 필요가 있는 이유다.

음모론 프레임의 함정

현대 사회는 각종 음모론(conspiracy theory)으로 가득 차 있다. 가장 대표적인 것으로 달 착륙 조작설, 지구 평면(공동)설, 공룡 조작설 등이 있으며 미국 정부, 특히 AREA 51에서 외계인과 공동 연구를 한다는 설 등도 대중들에게 익숙하다. 그 외 정치, 문화, 종교, 경제, 사회 전반에 걸친 크고 작은 음모론은 차고 넘친다.

비교적 가장 최근에 지구촌을 뜨겁게 달구었던 음모론은 단연 인위적인 인구 감축설 및 코로나 바이러스 조작설일 것이다. 물론 수많은 음모론 중 말도 안 되는 것들이 대부분이고, 진위를 영원히 알 수 없는 내용들도 있어 음모론자들은 흔히 소설을 쓰는 사람쯤으로 여겨진다.

하지만 정보를 분별할 때 전 세계의 메인 스트림 미디어(MSM)는 결국 미국의 영향력 아래 있다는 맥락에서 주의해야 할 점도 분명히 존재한다. 가령 제기되는 모든 의혹에 음모론자(Conspiracy Theorists)라는 꼬리표를 붙여 어두운 면을 가리는 담합도 분명히 존재한다는 것이다. 미국 전 대통령 존 F. 케네디(John F. Kennedy)의 1961년 4월 27일 연설 중 유명한 대목이 있다.

"The very word 'secrecy' is repugnant in a free and open society; and we are as a people inherently and historically opposed to secret societies, to secret oaths and to secret proceedings. (중략) Today no war has been declared--and however fierce the struggle may be, it may never be declared in the traditional fashion. (자유가 있는 열린 사회에서 '비밀'이라는 단어는 매우 혐오스러운 단어입니다. 그리고 우리는 생득적이고 또 역사적으로 비밀 사회(시크릿 소사이어티), 비밀 서약 그리고 비밀 절차에 반대합니다. (중략) 오늘날 전쟁에 선전포고란 없습니다. 그리고 아무리 치열한 싸움일지라도, 전통적인 방식의 선전포고란 없습니다.)"

연설 말미에, 케네디 대통령은 답답함을 호소하며 언론과 국민이 자신의 처지를 이해해 주기를 바란다. 지금도 미국 사회에 어두운 정부가 있다는 것은 공공연한 사실이지만, 다만 그들의 실질적인 영향력과 규모가 어디까지인지만이 미지수일 뿐이다.

음모론이 진실로 드러난 사례

역사상 음모론이 시간이 지나 진실로 드러난 사례는 많지만, 대표적인 두 가지만 들어 보자면 노스우즈 작전과 아동 성범죄 사건이 있다.

① 노스우즈 작전

1962년, 노스우즈 작전은 미국 군부가 쿠바를 침공할 명분을 만들기 위해 자작극(자국민 대량 학살)을 만들고자 한 계획이다. 해당 작전은 미 군부 최고위층까지 올라가 승인을 받았고 최종적으로 당시 미국 대통령이었던 존 F. 케네디에 의해 거부되면서 무산된다. (1963년 케네디 대통령은 암살당한다.) 그 주요 내용은 다음과 같다.

◆ 민간 항공기를 격추시켜 쿠바 정부의 소행인 것으로 위장
◆ 민간 항공기를 납치해서 미국 주요 지점(군사 시설 등)에 자살 테러

◆ 쿠바인으로 위장한 사람이 미국 내 주요 시가지 총기 난사 및 테러

이 내용은 미국 사회에서 공공연한 비밀로 떠돌았었지만, 처음에는 근거 없는 음모론 취급을 받던 정보다. 1997년 11월, 케네디 암살 관련 진상조사와 관련해 해당 문건이 기밀 해제가 되면서 그 전말이 세상에 공개되고, 진실임이 드러났으나 이번에는 미국 주요 언론이 거의 보도를 하지 않아 세상에 널리 알려지지 못했다. 여담으로 2001년 9.11 테러도 그림자 정부가 개입되었다는 강력한 설과 최소한 미국의 정보 당국은 사전에 알고 있었다는 내부 증언도 여럿 있었지만, 이 부분은 아직 완벽히 결론이 나지 않은 상태다.

② 아동 성범죄 및 인신매매

가톨릭 사제들의 성 학대 및 아동 성범죄 문제는 1950년대부터 쉬쉬하던 문제였고 근거 없는 음모론 취급을 받던 사안이었으나 1985년 처음으로 세상에 크게 알려지게 되었다. 그 이후 미국, 독일, 프랑스, 영국, 오스트리아 등 전 세계적인 파문으로 걷잡을 수 없이 커졌고 2000년대 이후까지 파도 파도 끝없는 추악한 모습들이 드러났다. 프랑스 가톨릭에서만 70여 년간 대략 30만 명이 넘는 아동이 성적 학대를 받았다고 추정되고 있으며 조직적인 은폐를 하기 바빴던 교황청의 신뢰는 바닥으로 추락했다.

비단 종교뿐 아니라 미국의 재벌, 방송인, 정치인 등 고위급 인사

들이 아동 성범죄와 인신매매에 연루되어 있다는 음모론도 일부는 사실로 드러났다. 미국의 거물급 금융인이었던 제프리 앱스타인 (Jeffery Epstein)의 경우 미성년자 인신매매 혐의로 수감된 상태에서 2019년 감옥에서 자살로 생을 마감했다. 특히 앱스타인의 경우 자신의 집과 소유한 비밀 섬에서 오랜 세월에 걸쳐 수많은 미성년자 성매매 및 강간, 인신매매가 이루어진 것으로 알려져 있으며, 당시 그의 여자 친구였던 길레인 맥스웰(Ghislaine Maxwell) 또한 미성년자 성매매와 인신매매로 징역 20년을 선고받았다.

공개된 약 2,000페이지 분량의 앱스타인 문건에는 이름만 들어도 알만한 거물급 인사들이 성매매에 연루되었다는 것이 드러나 큰 충격을 주었고 특히 평소 친분이 있어 앱스타인 섬에 드나들었던 영국의 앤드루 왕자는 국민들의 따가운 시선 때문에 사건 이후 모든 공직에서 물러났다. 빌 게이츠도 앱스타인 섬에 드나들었다는 소문이 일파만파 퍼져 많은 논란이 일었는데, 그는 2021년 미국의 공영 방송 PBS에 출연해 제프리 앱스타인과 10여 년간의 인연과 개인적인 친분은 인정했지만, 해당 사건과는 아무런 관련이 없으며 자신은 전혀 몰랐던 사실이라고 발을 빼 거센 여론의 반발에 휩싸이기도 했다.

이 세상을 움직이는 사람들이 모두 정상적인 마인드를 가졌다고 착각하면 큰 오산이다. 지금도 빌더버그 그룹(Bilderberg Group), 다보스(Davos), 보헤미안 그로브(Bohemian Grove), 로마 클럽

(Club of Rome) 등 초엘리트 조직(*일루미나티는 옛말이다)이 전 세계를 주무르는 것은 정보에 민감한 사람이라면 다 아는 공공연한 사실이다. 다양한 사회적 이슈와 관련하여 미국의 메인 스트림 미디어(MSM)와 빅 테크 기업이 한쪽 방향으로 지극한 편향성을 보이며 자신들이 추구하고자 하는 가치와 대비되는 정보는 철저히 차단하고 모든 불리한 의혹에 음모론이라는 프레임을 씌우는 현상도 부정할 수 없는 사실이다.

우리가 특히 주의 깊게 봐야 할 부분은 세상이 나아갈 방향과 어젠다를 설정함에 있어 대의를 위해 일정 수준의 희생은 필요불가결이라는 마인드다. 물론 모든 것을 다 음모론이라고 할 수는 없지만, 최소한 대중들에게 주어지는 모든 정보를 있는 그대로 받아들이면 안 된다는 것만은 매우 확실하다.

It's easier to fool people than to convince them they have been fooled. (사람들을 속이는 것이 그들이 속고 있다는 것을 깨우쳐 주는 것보다 더 쉽다.)

- 마크 트웨인

6-5. 생각하는 능력이 필요한 이유

　노벨평화상 수상자로 우리에게 잘 알려져 있는 슈바이처(Albert Schweitzer) 박사는 산업화 이후 인간이 사회에 대한 의존성이 커져 스스로의 정신적 존재로 살아갈 수 없을 정도가 되었다고 지적한 바 있다. 이 말이 무슨 뜻일까? 우선 각자가 속한 집단의 힘과 제도적 합리성에 의해 생각이 지배받고 있기 때문에 인간 정신의 본래적 기능인 사유와 이성이 제 역할을 못 하고 있다고 해석해 볼 수 있다.

　시스템에 잘 적응된 인간은 다차원적 사고, 비판적 사고, 그리고 성찰하는 능력이나 맥락적 지성은 불필요한 것으로 간주한다. 과학적 사고를 신봉하고 표면적 합리성에 순응하며 양적 확장에 모든 것을 바치도록 세뇌받는다. 물론 그로 인해 물질적 풍요는 어느 정도 따라왔지만, 이내 '옵션이 많아진 것'을 '자유'라고 착각하도록 프로그램이 설정된다. 이렇게 잘 길든 상태는 예측 가능하고 컨트롤이 쉬운 상태로 이어진다. 좀 더 편리한 삶이 제공될 수는 있으나 궁극(정신)적으로는 진화를 역행하는 과정이며 하향 평준화되고 있는 것이다.

'ZERO ANYTHING' IS IMPOSSIBLE

코로나가 한창일 때 우리는 일찌감치 코로나와 함께 살기로 선택한 서방 국가들의 행보를 보며 위험하다고 손가락질했던 적이 있다. 하지만 수년이 지나 결국 그들이 최소한 '제로 코로나'에 병적으로 집착했던 중국보다는 현명함에서 앞섰다는 것이 증명되었다. 특히 코로나에 가장 '초연하고 태평한' 모습을 보여온 스웨덴의 경우 초창기에 온갖 손가락질을 받았으나 다른 나라에 비해 특별한 문제 없이 잘살고 있다.

애당초 무엇을 근거로 그들을 비난했던 것일까? 여전히 국가별 사망률을 일일이 비교하고 따지며 통제를 강하게 한 것이 더 나은 것이었다는 주장을 하는 사람도 있지만, 그로 인해서 포기해야 할 수많은 자유와 스트레스로 인한 수많은 이의 정신질환을 일일이 계산해서 도식화할 자신이 있는 사람은 없다. 어차피 인구 밀도나 생활 방식, 포기해야 할 것 등 셀 수 없을 만큼 수많은 변인(variable)과 기회비용을 모두 파악하여 전체의 인과를 정확하게 보여 주는 정보란 애초에 있을 수 없다. 다만 나는 사회적인 흐름의 변화에 주목한다.

2022년 12월, 국내의 한 언론 기사의 도입부에서 '코로나를 극복해서 여행이 다시 활발해졌다'고 기사를 시작하는 것을 보고 눈을 의심했다. 당시 하루 확진자 수는 여전히 6~7만 명이었다. 그 이전과 비교해 근본적으로 달라진 것은 그저 정부와 정치권, 미디어가 병적으로 떠드는지 아닌지의 차이였다. 후자의 경우를 '극복'으로 인식한 것이다. 도무지 모든 것이 앞뒤가 맞지 않고 맥락도 결여되어 있다.

2021년, 서유럽, 북유럽, 호주, 북미 국가 등 대부분의 나라에서는 이미 마스크를 벗기 시작할 무렵(애초부터 열심히 쓰지도 않았지만), 한국의 여론은 이를 보며 한국의 우수성으로 해석하는 분위기가 역력했다. '우리 국민처럼 말 잘 듣는 나라가 어디 있느냐?'라는 발상은 세계 최고의 시민의식이라는 자화자찬으로 귀결되었다. 2022년 초, 세계에서 마스크를 제일 잘 쓰는 나라에서 하루 확진자 30~40만 명대를 유지하며 확진율 1위를 달리던 시기에도 마스크에 대한 집착은 꺼질 줄 몰랐다.

물론 마스크가 대중교통을 이용할 때 등 특정 상황에서 충분히 효과적일 수 있음을 부정할 수 없다. 다만 여전히 맛집을 찾아다니며 붐비는 식당에 들어가 대충 씻겨진 남들이 사용하던 식기를 이용하며 실컷 침 튀기며 떠들고 나서 계산하러 갈 때 마스크를 쓰며 나가는 것은 차라리 처음부터 안 쓰느니만 못하다. 더 웃긴 것은 내가 한국에 머무를 때(*실내 마스크 해제 전) 대중목욕탕을 이용하려고 해도 마스크를 쓰고 들어가서 옷을 탈의하면서 마스크를 벗어야 하는 '룰'이었다. 목욕을 다 마친 뒤 나갈 때 다시 마스크를 쓰고 나가야만 하는 희극의 한 장면을 직접 겪으며 실소를 금할 수가 없었다.

서구 사회가 일찌감치 마스크 착용을 자율에 맡긴 것은 마스크의 효용성을 모르거나 무시해서가 아니라 이처럼 어쭙잖은 강제성의 유명무실함을 진즉에 파악했기 때문이다. 융통성 없이 규율에 절절매고 순종하는 것은 자유를 포기하는 대가이며 그 규율은 흔히 매우 '교묘한 프라이드'와 '증명 불가한 도덕성'의 옷을 입고 있다는 것(북한 사회가 '잘' 유지되는 원리다.)을 알고 있었던 것이다. 이는 순종보다는 자유와 다양성, 전체성보다는 융통성과 효율성, 나아가 개인과 권력의 관계를 끊임없이 고민하고 균형을 맞추려는 의지와 노력의 산물이다. 사실 그것이 현대 서양 문명의 마지막 자존심임에도 불구하고 우리는 세계에서 제일 말을 잘 듣는다고 프라이드를 느끼며 높은 시민의식을 거꾸로 해석하고 있었다.

문득 독일의 극작가이자 서사극의 창시자였던 베르톨트 브레히트(Bertolt Brecht)의 《서정시를 쓰기 힘든 시대》 한 대목이 떠오른다.

"정원의 구부러진 나무는 토양이 나쁘다는 것을 알려 주고 있다. 그런데 지나가는 사람들은 나무가 휘었다고 욕을 하기 마련이다."

맥락 안에서의 판단

빅토르 위고(Victor Hugo)의 소설 《레 미제라블(Les Miserables)》
은 도덕적 딜레마가 매우 잘 드러나는 작품이다. 우선 주인공이 장
발장이고 악역은 자베르 경감이다. 하지만 잘 생각해 보면 장 발장
은 선한 일을 행하기 위해 법을 어기는 행동을 여러 번 보여 주는
반면 자베르 경감은 피도 눈물도 없이 행동하지만, 사회 정의와 법
을 수호하는 것에 대한 확고한 신념을 가진 사람이다.

그런데도 왜 사람들은 당연히 자베르를 악역으로 인식할까? 그는
시스템에도 문제가 있을 수 있음을 생각하지 못했기 때문이다. 어
쩔 수 없이 범죄를 저지를 수밖에 없는 사람들의 삶을 이해하려고
하지 않았고 그저 법칙을 수호해야 한다는 신념에 가득 찬 인물이
었다. 물론 이는 작가의 의도가 개입된 소설 속의 이야기니 비교적
쉬운 해석이 가능하지만, 현실 세계에서 판단의 문제는 아주 복잡
할 수도 있다.

윌리엄 맥어스킬(William MacAskill)의 책 《냉정한 이타주의자》
에 소개된 이야기를 한번 예로 들어보자. 1993년 미국에서 일부 국
회의원들이 주도적으로 나서 아동 노동 착취 제품을 미국으로 수입
하는 것을 금지하는 법안을 발의했다. 당시 방글라데시에서 가장
큰 기성복 제조 공장에서는 수만 명의 아동이 고용되어 있었지만,
이 법안 이후 공장에서 약 5만 명의 아동 노동자가 해고되었다. 문
제는 이 아이들이 학교로 돌아간 것이 아니라 더 영세하고 낙후된

곳에서 일을 하거나 일자리를 찾아 헤매었다는 것이다. 대부분 이전에 비해 더 극심한 생활고를 겪었고 어린 여자아이들의 경우 성매매를 할 수밖에 없는 상황에 이르렀다.

그 아이들의 인생을 책임져 줄 것도 아니면서 자신들의 옳다고 믿는 도덕적 기준을 일괄 적용한 것은 잘한 일일까? 그러고 보면 영국 같은 서구권 국가도 산업혁명 이후 아동 노동 착취는 매우 심했다. 하지만 그들이 바뀔 수 있었던 것은 자체적인 자각과 성찰에 의한 점진적이며 시의적절한 진보를 통해서였지 강한 외부 충격파가 아니었다. 이를 옳고 그름의 문제로 단정할 수는 없지만, 적어도 전체를 보지 못할 경우 도덕이나 정의라는 가치를 수호하려 하는 태도조차도 매우 위험할 수 있다는 이면은 확실히 보여 주고 있다.

더 나은 사회

복지 천국 노르웨이의 바스토이(Bastoy) 감옥은 오슬로에서 조금 떨어진 섬에 위치하고 있다. 일단 재소자들은 아늑한 방과 건강식으로 구성된 식단을 제공받는다. 그뿐만 아니라 매일 소정의 식비가 제공되어 재소자들이 식재료를 시설 내 마트에서 사서 직접 요리도 할 수 있다. 자유로운 복장에 실내 체육관, 도서관, 사우나, 영화관을 갖추고 있는 것은 물론 비치가 보이는 곳에서 선탠을 할 수 있는 야외 휴게실도 갖추고 있다.

노르웨이 정부는 범죄자들을 격리하되, 나중에 사회에 나가서 재범을 저지르지 않도록 하는 것이 진정한 교화(심리치료 포함)라는 취지로 오래전부터 이 감옥을 운영 중이다. 하지만 당연히 모든 사람이 이를 달가워할 리는 없는데 심지어 여러 사람을 죽인 연쇄살인범들도 여기서 여유로운 생활을 누리며 살고 있기 때문이다. 게다가 노르웨이에서는 사형이나 무기징역도 없고 법정 최고 형량이 21년이라 범죄자에게 파라다이스가 따로 없다. 이처럼 흉악범들에게 제공되는 최상의 인권이 정말로 정당한 것인지 의문이 든다. 하지만 1982년부터 실험적으로 운영되어온 이 감옥의 재소자들이 사회에 나갔을 때 실제로 재범률이 세계에서 가장 낮다는 것이 많은 데이터가 쌓이면서 검증되었다.

이 사실이 해당 실험에 큰 정당성을 주고 노르웨이는 물론 유럽 복지국가 내 전체 교도소 시설의 상향 평준화로 이어져 왔다. 그 이후에도 유럽과 북미 국가들에서 많은 사회 실험(social experiment)이 있었지만, 재소자들의 복지와 심리 치료가 증진될수록 재범률은 현저하게 떨어지는 것이 반복적으로 드러나고 있다. 물론 다소 부아가 치밀어 올라 성에는 안 찰 수 있지만, 진정으로 더 나은 사회를 위한 길은 무엇일까 고민해볼 만한 대목이다.

성찰의 기능

히틀러는 가장 권위적인 성향이 강한 사령관을 가장 잔혹한 일을 담당하는 자리에 앉혔다고 한다. 이는 그가 권위를 중요시하는 사람이 명령과 규율을 최우선시하며 생각을 적게 한다는 속성을 간파할 정도의 잔머리는 충분히 있던 인물이었다는 의미다.

1960년, 나치 친위대의 핵심 장교였던 아돌프 아이히만(Adolf Eichmann)이 이스라엘 정보 당국에 의해 체포되어 예루살렘의 법정에 섰을 때 무죄를 주장하며 "나는 그저 명령을 열심히 따랐을 뿐이다."라고 입장을 표명한 사실은 유명한 스토리다. 그만큼 '생각'을 하지 못하면 성찰이 불가능하다는 것이다.

이와 대비되는 하나의 사례로 프랑스 작가 알렉시 제니(Alexis Jenni)가 프랑스 최고 권위의 문학상인 콩쿠르상을 받은 배경을 주목해 볼 수 있다. 당시 이름난 작가도 아니었고 고등학교에서 생물을 가르치던 평범한 교사의 첫 작품인《프랑스식 전쟁술》이라는 책은 제국주의에 몰입해 있던 프랑스의 민낯을 보여 주며 프랑스군에 의해 자행된 수많은 희생이 적나라하게 묘사되는 책이다.

그런데도 불구하고 프랑스 사회는 이 작품을 높이 샀다. 작가의 독특한 시각과 비범함을 인정한다는 위원회 측이 밝힌 선정 이유는 오히려 프랑스 문화의 성숙함을 돋보이게 했다. (일본과 대비해 보면 경제력만이 선진화의 척도가 아니라는 것을 다시 한번 상기해 볼 수 있다.)

그리고 보면 프랑스에서는 고등학교 시절부터 철학을 배우며 철학 시험을 매우 중요시 여긴다. 학생들은 문제가 주어지면 서너 시간 동안 15~20페이지를 채워서 각자의 생각을 쓴다고 한다. 물론 프랑스라고 해서 완벽한 국가는 아닐 것이다. 하지만 적어도 이 나라는 단순한 지식 확대보다는 사려 깊은 판단력에서 나오는 통찰력, 그리고 잘못된 것을 잘못되었다고 성찰할 줄 아는 것이야말로 고결함과 지성의 상징이라는 것쯤은 제대로 교육하고 있는 듯 보인다.

섹시한 마인드

미국이 남북전쟁을 할 때 링컨은, 남측의 인종차별주의자들에게 악의보다는 오히려 연민의 감정을 품었다고 한다. 그 이유는 노예해방 전쟁이 본질적으로 인간의 높은 차원의 의식과 낮은 차원의 의식 간의 충돌임을 잘 이해하고 있었기 때문이라고 한다.

문제는 높은 수준(고수)에서는 낮은 수준(하수)의 수가 훤히 보이지만, 반대로 낮은 수준(하수)에서는 높은 수준(고수)의 마인드가 눈에 절대로 보이지 않는다는 것이다. 보이지 않기 때문에 머물러 있을 수밖에 없고, 그 시선에서는 높은 생각의 깊이를 이해를 못 하기 때문에 그저 성향, 성격의 차이 또는 관점의 차이라고 인식할 수밖에 없다. 세상 대부분의 갈등이 여기서 출발한다. 하지만 모든 생각과 마인드가 각각의 입장에서 옳다는 이유로 모두 평등한 수준에서의 다른 관점이라면 세상의 그 어떤 궤변이나 무지성도 인정해야 할 것이다.

생각과 마인드에는 분명히, 그리고 틀림없이 레벨 차이가 존재한다. 인간은 나빠서 저지르는 '악'보다 몰라서 저지르는 '악'이 더 많다는 사실은 동서고금을 막론하고 현인들이 되풀이하고 있는 말이며, 이는 항상 자신의 기준과 잣대를 끊임없이 점검해 보고 '내가 아직 모를 수 있다'는 것을 인정할 줄도 알아야 하는 이유이다. 그리고 인정을 할 수 있으려면 우선 생각해야 한다. 사유한다는 것은 답이 없는 문제를 끊임없이 고민하는 것이며 이것이 바로 '섹시한 마인드'의 원천이다. 해답을 내는 것이 중요한 것이 아니라 쓸데없는 생각도 끊임없이 하는 것이다. 그러한 쓸데없는 생각이 지금 우리가 살고 있는 세상의 모든 쓸 데 있는 것들을 만들었다.

"꿈은 상상하는 것, 없는 것을 희구하는 것이 인간의 가장 심층적인 욕구 중 하나라는 것을 보여 주는 증거다."

- 밀란 쿤데라,《참을 수 없는 존재의 가벼움》

에필로그

눈치 빠른 분들이라면 바로 알아챘겠지만, 이 책의 제목은 체코의 작가 밀란 쿤데라(Milan Kundera)의 소설 《참을 수 없는 존재의 가벼움》을 오마주한 것이다.

'존재'라는 단어 하나를 '생각'으로 바꾸어 내 생각이 가벼운 것을 참을 수 없다는 것인지, 혹은 타인의 생각이 가벼운 것을 참을 수 없다는 것인지 모호하면서도 이중적인 뜻을 전달하고자 선택했다. 작가의 입장에서 출간할 도서의 제목을 정하는 일은 여간 고민되는 일이 아니다. 그런 의미에서 너무나 좋은 모티브를 제공해 준 밀란 쿤데라에게 감사의 뜻을 표하고 싶다.

참고도서

1) 《글로벌 리더를 위한 암호》/ 박중현 / 북퀘이크 / 2022
2) 《참을 수 없는 존재의 가벼움》/ 밀란 쿤데라 / 민음사 / 2009
3) 《경계를 넘어 통합을 보다》/ 서동석 / 에머슨 하우스 교육 연구소 / 2022
4) 《에머슨 인생학》/ 서동석 / 팝샷 / 2015
5) 《미래학자의 통찰법》/ 최윤식 / 김영사 / 2014
6) 《우리가 동물권을 말하는 이유》/ 헨리 스티븐스 솔트 / 이다북스 / 2022
7) 《창조하는 뇌》/ 데이비드 이글먼 & 엔써니 브란트 / 쌤앤 파커스 / 2019
8) 《50개의 키워드로 읽는 북유럽 이야기》/ 김민주 / 미래의 창 / 2014
9) 《미래는 핀란드에 있다》/ 리처드 루이스 / 살림 / 2008
10) 《아들러의 인간이해》/ 알프레드 아들러 / 을유문화사 / 2016
11) 《리더를 위한 멘탈 수업》/ 윤대현, 장은지 / 인플루엔셜 2021
12) 《인간과 상징》/ 칼 구스타프 융 / 동서문화사 / 2016
13) 《타인의 고통》/ 수전 손택 / 이후 / 2007
14) 《냉정한 이타주의자》/ 윌리엄 맥어스킬 / 부키 / 2017
15) 《프랑스식 전쟁술》/ 알렉시 제니 / 문학과지성사 / 2017
16) 《조벽 교수의 인재 혁명》/ 조벽 / 해냄 / 2010
17) 《성숙한 어른이 갖춰야 할 좋은 심리습관》/ 류쉬안 / 다연 / 2020
18) 《팀워크의 배신》/ 토마스 바셰크 / 모멘텀 / 2015
19) 《리더가 다 잘할 필요는 없다》/ 클리퍼드 허드슨 / 갤리온 / 2021
20) 《이타주의자의 은밀한 뇌구조》/ 김학진 / 갈매나무 / 2017
21) 《마음을 꿰뚫어 보는 소통의 법칙》/ 이현우 / 창작시대사 / 2020
22) 《이끌지 말고 따르게 하라》/ 김경일 / 진성북스 /2015
23) 《팀장의 탄생》/ 줄리 주오 / 더퀘스트 / 2020
24) 《어쩌다 한국인》/ 허태균 / 중앙북스 / 2015
25) 《리더마인드》/ 박승범 / 렛츠 BOOK / 2021
26) 《최고의 팀을 만드는 심리적 안전감》/ 김현정 / 더블북 / 2020

27) 《직관력은 어떻게 발휘되는가》 / 엘프리타 뮐러 카인츠 & 크리스테네 죄
닝 / 타커스 / 2011

28) 《스마트 리더》 / 신경수 / 21세기 북스 / 2021

29) 《도덕경》 / 노자 / 현대지성 / 2019

30) 《나는 왜 기독교인이 아닌가》 / 버트런드 러셀 / 사회평론 / 1999

31) 《탁월한 사유의 시선》 / 최진석 / 21세기북스 / 2017

32) 《새빨간 거짓말, 통계》 / 대럴 허프 / 청년정신 / 2004

33) 《변화와 개혁의 등불》 / 진규동 / 더로드 / 2022

34) 《오십에 읽는 장자》 / 김범준 / 유노북스 / 2022

35) 《직장인의 마음 사용법》 / 남충희 / 황금사자 / 2021

36) 《글로벌 리더와 자기개발》 / 최해광 / 보명북스 / 2013

37) 《신화와 인생》 / 조지프 캠벨 / 갈라파고스 / 2009

38) 《내 아이의 창의력을 키우는 비법》 / 김문수 / 미다스북스 / 2020

39) 《카를 융 인간의 이해》 / 가와이 하야오 / 바다출판사 / 2018

40) 《슈퍼제너럴리스트》 / 다사카 히로시 / 싱긋 / 2016

41) 《인권도 차별이 되나요》 / 구정우 / 북스톤 / 2019

42) 《호모데우스》 / 유발하라리 / 김영사 / 2017

43) 《의식 혁명》 / 데이비드 호킨스 / 믿음인 / 2011

44) 《놓아버림》 / 데이비드 호킨스 / 판미동 / 2013

45) 《이어령의 마지막 수업》 / 김지수 / 열림원 / 2021

46) 《영웅의 여정》 / 조지프 캠벨 / 갈라파고스 / 2020

47) 《불교와 양자역학》 / 빅 맨스필드 / 불광출판사 / 2021

48) 《세계는 종교로 움직인다》 / 하시즈메 다이사부로 / 북뱅 / 2014

49) 《깨어있음, 지금 이 순간에 대한 탐구》 / 브라이언 피어스 / 불광출판사 / 2021

50) 《호모 스피리투스》 / 데이비드 호킨스 / 판미동 / 2009

51) 《2022 한국이 열광할 세계 트렌드》 / 코트라(KOTRA) / 2022

52) 《혼자 있는 시간의 힘》 / 사이토 다카시 / 위즈덤 하우스 / 2015

53) 《자유로부터의 도피》 / 에리히 프롬 / 휴머니스트 / 2020

54) 《예언자》 / 칼릴 지브란 / 매월당 / 2007

55)《열정과 기질》/ 하워드 가드너 / 북스넛 / 2004

56)《Elon Musk》/ 애슐리 반스 / Harpercollins / 2016

57)《현대의 신화》/ 카를 융 / 책솔 / 2013

58)《왜 우리는 집단에서 바보가 되었는가》/ 군터 듀크 / 책세상 / 2016

59)《후기 산업 사회를 위한 미디어 계획 (~) 》/ 백남준 보고서 / 1974

60)《리더란 무엇인가》/ 조셉 야보르스키 / 에이지21 / 2010

61)《직업으로서의 소설가》/ 무라카미 하루키 / 현대문학 / 2016

62)《데미안》/ 헤르만 헤세 / 민음사 / 2009

63)《의료 인공지능》/ 최윤섭 / 클라우드나인 / 2018

64)《무엇이 예술인가》/ 아서 단토 / 은행나무 / 2015

65)《사랑이 깊으면 외로움도 깊어라》/ 천경자 / 자유문학사 / 1984

66)《동물은 어떻게 슬퍼하는가》/ 바버라 J. 킹 / 서해문집 / 2022

67)《동물을 먹는다는 것에 대하여》/ 조나단 사프란 포어 / 민음사 / 2011

68)《차라투스트라는 이렇게 말했다》/ 프리드리히 니체 / 민음사 / 2004

69)《조지 오웰 진실에 대하여》/ 조지 오웰 / 필로소픽 / 2021

70)《회복력 시대》/ 제레미 리프킨 / 민음사 / 2022

71)《지구를 위한다는 착각》/ 마이클 셸런버거 / 부키 / 2021

72)《기후재앙을 피하는 법》/ 빌 게이츠 / 김영사 / 2021

73)《정치, 문화, 인간을 움직이는 95개 테제》/ 앤 노튼 / 앨피 / 2010

74)《에코 페미니즘》/ 마리아 미즈 & 반다나 시바 / 창비 / 2020

75)《처음 읽는 바다 세계사》/ 헬렌 로즈와도스키 / 현대지성 / 2019

76)《땅과 바다》/ 칼 슈미트 / 꾸리에 / 2016

77)《반 고흐, 영혼의 편지2》/ 빈센트 반 고흐 / 위즈덤하우스 / 2019

78)《지성에서 영성으로》/ 이어령 / 열림원 / 2017

79)《에티카》/ 바뤼흐 스피노자 / 비홍출판사 / 2014

80)《자아 연출의 사회학》/ 어빙 고프먼 / 현암사 / 2016

81)《자유로운 이기주의자》/ 율리엔 바크하우스 / 다산북스 / 2020

82)《심리를 조작하는 사람들》/ 오카다 다카시 / 어크로스 / 2013

83)《우리편 편향》/ 키스 스타노비치 / 바다출판사 / 2022

참을 수 없는 '생각'의 가벼움

1판 1쇄 인쇄   2023년 2월 7일
1판 1쇄 발행   2023년 2월 15일

지은이 | 박중현
펴낸이 | 박정태
편집이사 | 이명수   출판기획 | 정하경
편집부 | 김동서, 전상은, 김지희
마케팅 | 박명준   온라인마케팅 | 박용대
경영지원 | 최윤숙, 박두리

펴낸곳   BOOK STAR
출판등록   2006. 9. 8. 제 313-2006-000198 호
주소   파주시 파주출판문화도시 광인사길 161 광문각 B/D 4F
전화   031)955-8787
팩스   031)955-3730
E-mail   kwangmk7@hanmail.net
홈페이지   www.kwangmoonkag.co.kr

ISBN   979-11-88768-62-2 03300
가격   17,000원